Curso

MAD360

*La diferencia entre aprobar
y sacar plaza*

Auxiliar Administrativo/a

SERVICIO DE SALUD DEL PRINCIPADO DE ASTURIAS

Si aún no dispones de tu **Curso MAD360**, te ofrecemos un acceso GRATIS de 30 días para que disfrutes de los siguientes recursos:

- Técnicas de Memoria 360.
- MADTEST: Test *online* Nivel PRO.
- Temario en formato digital.
- Vídeos.
- Esquemas.
- Planificación de estudio.
- Foro entre opositores hasta la fecha del examen.*
- Recursos y novedades exclusivas.
- Consúltanos sobre tu oposición y proceso selectivo.
- Actualizaciones legislativas (Boletines Oficiales) hasta 60 días antes de la fecha del examen.*

Para acceder a esta prueba del Curso MAD360** será necesaria la compra de todos los libros para esta especialidad de la edición 2025.

Regístrate en **mad.es/iniciar-sesion** y en la pestaña BIBLIOTECA valida los códigos que encuentras en la última página de tus libros.

NOTA IMPORTANTE:

* Examen de esta categoría profesional correspondiente a la convocatoria publicada en el BOPA núm. 90, de 13 de mayo de 2025, o hasta el 31 de julio de 2026, lo que se cumpla antes, y previa renovación del servicio.

** El acceso al CURSO MAD360 estará disponible desde julio de 2025 (algunos recursos podrían estar disponibles en fecha posterior). Tendrá una duración de 30 días RENOVABLES mediante pago, desde la validación de códigos, o hasta el 31 de enero de 2027, lo que se cumpla antes.

MAD se reserva el derecho a ampliar dichas fechas.

Auxiliar Administrativo/a del Servicio de Salud del Principado de Asturias

Junio, 2025

Auxiliar Administrativo/a del Servicio de Salud del Principado de Asturias

Test del temario

Autores

FRANCISCO JESÚS TORRES FONSECA
Licenciado en Derecho

DOMINGO GÓMEZ MARTÍNEZ
Licenciado en Derecho
Técnico de Función Administrativa

ELENA GARCÍA FERNÁNDEZ
Licenciada en Derecho

JOSÉ LUIS GARRIDO VELA
Licenciado en Derecho

TERESA MARÍA TORRES FONSECA
Licenciada en Derecho

MIGUEL ÁNGEL NAVAS DUEÑAS
Ingeniero Superior en Telecomunicaciones
Profesor de Informática de Ciclos Formativos de Grado Medio y Bachillerato

© 7 Editores Recursos para la Cualificación Profesional y el Empleo, S.L. (7 Editores)
© Los autores
Primera edición, junio 2025 (182 páginas)
Derechos de edición reservados a favor de 7 Editores
IMPRESO EN ESPAÑA
Diseño Portada: 7 Editores
Edita: 7 Editores
Avda. San Francisco Javier, 9 · Edificio Sevilla 2 · Planta 11 · Módulos 25-27 · 41018 Sevilla
Teléfono: 954 784 411 · WEB: www.mad.es · e-mail: administracion@7editores.com
ISBN: 978-84-142-9631-8
© "Editorial Mad" y "Eduforma" son nombres comerciales registrados de
7 Editores Recursos para la Cualificación Profesional y el Empleo, S.L.

Índice

PARTE GENERAL

Test n.º 1. La Constitución Española de 1978: El derecho a la protección de la salud en la Constitución 13

Test n.º 2. Ley 14/1986, de 25 de abril, General de Sanidad. Sistema Nacional de Salud: El derecho a la protección de la salud (Título Preliminar). Estructura del sistema sanitario público (Título III) 19

Test n.º 3. Ley 31/1995, de 8 de noviembre, de Prevención de Riesgos Laborales: Derechos y obligaciones (Capítulo III). Consulta y participación de los trabajadores (Capítulo V) 25

Test n.º 4. Ley 16/2003 de 28 de mayo, de Cohesión y Calidad del Sistema Nacional de Salud: De las prestaciones (Capítulo I). De los profesionales (Capítulo III). Cartera de servicios comunes de Sistema Nacional de Salud (Artículo 2 del Real Decreto 1030/2006, de 15 de septiembre, por el que se establece la cartera de servicios comunes del Sistema Nacional de Salud y el procedimiento para su actualización) 33

Test n.º 5. Ley 55/2003, de 16 de diciembre, del Estatuto Marco del Personal Estatutario de los Servicios de Salud: objeto y ámbito de aplicación; clasificación de personal estatutario; derechos y deberes; situaciones; incompatibilidades; régimen disciplinario. Decreto 72/2013, de 11 de septiembre, por el que se aprueba el Reglamento de jornada, horario, vacaciones y permisos de los funcionarios de la Administración del Principado de Asturias, sus organismos y entes públicos (Capítulos I a VI) 41

Test n.º 6. Ley 7/2019, de 29 de marzo, de Salud. Estructura orgánica y funcionamiento (Sección Primera, Capítulo Dos del Título IX). Organización Territorial del Servicio de Salud del Principado de Asturias (Capítulo III del Decreto 189/2023, de 15 de septiembre, por el que se establece la estructura orgánica básica de los órganos de dirección y gestión del Servicio de Salud del Principado de Asturias) 49

Test n.º 7. Ley Orgánica 7/1981, de 30 de diciembre, de Estatuto de Autonomía del Principado de Asturias: Título Preliminar; De los órganos institucionales del Principado de Asturias (Título II) 57

Test n.º 8. Ley 2/2011, de 11 de marzo, para la igualdad efectiva de mujeres y hombres y la erradicación de la violencia de género. Título Preliminar: objeto, ámbito de aplicación y conceptos; La integración del principio de igualdad entre mujeres y hombres en la salud (Artículo 20); Igualdad en el empleo público (Capítulo II-Título III) 63

PARTE ESPECÍFICA

Test n.º 9. Ley Orgánica 3/2018, de 5 de diciembre, de Protección de Datos Personales y garantía de los derechos digitales: objeto, ámbito de aplicación y definiciones (Título I); Principios de la protección de datos (Título II). Derechos de las personas (Título III) 73

Test n.º 10. Ley Orgánica 3/2018, de 5 de diciembre, de Protección de Datos Personales y garantía de los derechos digitales: Autoridades de protección de datos. La Agencia Española de Protección de Datos (Título VII, Capítulo I) 81

Test n.º 11-12. La Ley 41/2002, de 14 de noviembre, básica reguladora de la autonomía del paciente y derechos y obligaciones en materia de información y documentación clínica. Principios generales (Capítulo I). El derecho de información sanitaria (Capítulo II)

La Ley 41/2002, de 14 de noviembre, básica reguladora de la autonomía del paciente y derechos y obligaciones en materia de información y documentación clínica. El derecho a la intimidad (Capítulo III); El respeto de la autonomía del paciente (Capítulo IV); La historia clínica (Capítulo V); Informe de alta y otra documentación clínica (Capítulo VI) 89

Test n.º 13-14. La Ley 39/2015, de 1 de octubre, del Procedimiento Administrativo Común de las Administraciones Públicas: De la actividad de las Administraciones Públicas (Título II)

La Ley 39/2015, de 1 de octubre, del Procedimiento Administrativo Común de las Administraciones Públicas: De los actos administrativos (Título III) ... 95

Test n.º 15-16. La Ley 40/2015, de 1 de octubre, de Régimen Jurídico del Sector Público: Disposiciones Generales (Capítulo I, Título Preliminar)

La Ley 40/2015, de 1 de octubre, de Régimen Jurídico del Sector Público: De los órganos de las Administraciones Públicas (Capítulo II, Título Preliminar). Funcionamiento electrónico del Sector Público (Capítulo V, Título Preliminar) 101

Test n.º 17. Ley 9/2017, de 8 de noviembre de Contratos del Sector Público: la contratación administrativa en el Sector Público, delimitación de tipos contractuales 109

Test n.º 18. Los derechos de los ciudadanos. La atención al público: acogida e información al ciudadano. La información administrativa 117

Test n.º 19. Los sistemas de información: conceptos generales de las tecnologías de información. La información administrativa. Las sugerencias y reclamaciones. La presentación de escrito y comunicaciones 125

Test n.º 20. Las funciones de información administrativa y atención al ciudadano: regulación. Presentación de solicitudes, escritos y comunicaciones, expedición de copias de documentos y devolución de originales. Régimen de Oficinas de Registro. El Registro de entrada y salida de documentos 133

Test n.º 21. Concepto y clases de documentos administrativos. Análisis de los documentos administrativos más habituales: instancia, certificado, anuncio, informe, resolución, comunicación y notificación. Formación del expediente. Documentos originales, copias y archivos 141

Test n.º 22. El registro de documentos. Conceptos de presentación, recepción, entrada y salida de documentos 149

Test n.º 23. Archivos: Clases de archivos, especial referencia al archivo de gestión. Criterios de ordenación de archivo. El archivo de los documentos administrativos. El derecho de acceso a los documentos administrativos: sus limitaciones y formas de acceso... 157

Test n.º 24. Los sistemas ofimáticos. Procesadores de texto: Open Writer, concepto, funcionalidades principales, plantillas, combinación de correspondencia. Bases de datos: Open Office Base, concepto, funcionalidades, tablas, formularios, consultas, informes, relaciones. Hojas de cálculo: Open Office Calc., concepto, funcionalidades, tablas dinámicas, funciones, gráficos. Presentaciones: concepto y funcionalidades principales. Internet, intranet y correo electrónico: conceptos básicos, navegadores. Búsquedas de información 165

Test n.º 25. Conceptos informáticos: el ordenador, dispositivos centrales y periféricos. El microprocesador. Soportes informáticos. Los sistemas operativos más frecuentes. Sus elementos comunes. Comandos básicos. Administrador de archivos. Administrador de impresión. Impresoras 171

Test n.º 26. La comunicación humana. El lenguaje como medio de comunicación. Diferencia entre información y comunicación. Tipos de comunicación. Atención al público: acogida e información al usuario. Uso no sexista del lenguaje administrativo 177

PARTE GENERAL

TEST N.º 1

La Constitución Española de 1978: El derecho a la protección de la salud en la Constitución

1. ¿En qué parte de la Carta Magna se establece la exposición de motivos que impulsan la norma constitucional y los objetivos que con ella se pretenden alcanzar?

a) En el Título Preliminar.
b) En el Preámbulo.
c) En el Título I.
d) En el Título II.

2. La Constitución Española fue sancionada por:

a) El Rey.
b) El Presidente del Congreso.
c) Las Cortes Generales.
d) El Presidente del Gobierno.

3. ¿Cuáles de los siguientes españoles de origen pueden ser privados de su nacionalidad?

a) Exclusivamente los miembros de grupos terroristas.
b) Los miembros de grupos terroristas y los que atenten contra el Rey u otro miembro de la Casa Real.
c) Los que atenten contra un miembro de la Familia Real o del Gobierno de la Nación.
d) Ningún español de origen podrá ser privado de su nacionalidad.

4. Según la CE son fundamentos del orden político y la paz social:

a) La dignidad de la persona, los derechos violables que les son inherentes y el respeto a la ley.
b) La dignidad de la persona, el desarrollo limitado de la personalidad y el respeto a la ley.
c) El respeto a la ley, a los reglamentos administrativos y demás disposiciones legales.
d) La dignidad de la persona, los derechos inviolables que le son inherentes, el libre desarrollo de su personalidad, el respeto a la ley y a los derechos de los demás.

5. ¿Cuál de los siguientes es considerado por la CE como uno de los valores superiores del ordenamiento jurídico?

a) La jerarquía normativa.
b) El pluralismo político.
c) La publicidad normativa.
d) La equidad.

6. La forma política del Estado español es:

a) Democracia parlamentaria.
b) Gobierno parlamentario.
c) Monarquía parlamentaria.
d) República democrática.

7. La parte de la CE que regula la estructura de los principales órganos del Estado recibe el nombre de:

a) Parte dogmática.
b) Parte orgánica.
c) Parte estatal.
d) Parte estructural.

8. Según la CE, la soberanía nacional:

a) Corresponde a las Cortes Generales, al estar compuestas por los representantes del pueblo.
b) Corresponde al Rey.
c) Reside en el pueblo español.
d) Corresponde al Gobierno de la Nación elegido directamente por el pueblo.

9. El derecho a la propiedad en nuestra Constitución es un Derecho:

a) Inherente a la condición humana.
b) Absoluto.
c) Limitado por la función social de la misma.
d) Ninguna de las respuestas anteriores es correcta.

10. ¿En qué parte de la Carta Magna se señalan los valores superiores del ordenamiento jurídico?

a) En el Preámbulo.
b) En el Título Preliminar.
c) En el Título I.
d) Ninguna respuesta es correcta.

11. El principio en virtud del cual el ciudadano está amparado por una legislación no sujeta a continuos vaivenes es el de:

a) Legalidad.
b) Publicidad normativa.
c) Seguridad jurídica.
d) Jerarquía normativa.

12. El principio en virtud del cual un Reglamento no puede contradecir una ley es el de:

a) Legalidad.
b) Jerarquía normativa.
c) Las respuestas a) y b) son correctas.
d) Seguridad jurídica.

13. Según la Constitución, una norma que imponga una nueva pena más leve para un delito:

a) No se aplica retroactivamente.
b) Puede aplicarse retroactivamente.
c) Ha de ser reglamentaria.
d) Atenta contra el principio de legalidad penal si se aplica retroactivamente.

14. Todos los españoles, respecto al castellano, tienen el:

a) Derecho-deber de conocerlo.
b) Derecho de usar y deber de conocerlo.
c) Derecho-deber de usarlo.
d) Nada de lo anterior.

15. La capital del Estado en España es:

a) La propia de cada Comunidad Autónoma.
b) La villa de Madrid.
c) Aquella donde se establezca en cada momento el Gobierno de la Nación.
d) Aquella en la que resida generalmente el Rey.

16. El derecho a la vida se consagra en el siguiente artículo de la Constitución:

a) 10.
b) 16.
c) 15.
d) 24.

17. La pena de muerte en España:

a) Ha quedado abolida.
b) Puede aplicarse en cualquier momento.

c) Solo se aplicará, en tiempo de guerra, a los militares.
d) Rige solo en el ámbito civil.

18. La inmediata puesta a disposición judicial derivada del habeas corpus, se produce por:

a) Detención ilegal.
b) Prisión ilegal.
c) Prisión preventiva.
d) Detención preventiva.

19. El proceso en el que se enjuicie a un presunto delincuente debe:

a) Ser sumario.
b) No dilatarse.
c) Entorpecer los instrumentos probatorios.
d) Nada de lo anterior es cierto.

20. La entrada en un domicilio en caso de flagrante delito, sin autorización de su titular:

a) Puede dar lugar a la aplicación del habeas corpus.
b) Requiere autorización previa de la autoridad judicial.
c) Puede efectuarse en todo momento.
d) No puede realizarse en momento alguno.

En MADTEST tienes **más preguntas de este tema**, y todos tus avances quedan registrados y se reflejan en el ranking.

¡Supera tus límites con MADTEST!

Solución al test n.º 1

1. b) En el Preámbulo.

2. a) El Rey.

3. d) Ningún español de origen podrá ser privado de su nacionalidad.

4. d) La dignidad de la persona, los derechos inviolables que le son inherentes, el libre desarrollo de su personalidad, el respeto a la ley y a los derechos de los demás.

5. b) El pluralismo político.

6. c) Monarquía parlamentaria.

7. b) Parte orgánica.

8. c) Reside en el pueblo español.

9. c) Limitado por la función social de la misma.

10. b) En el Título Preliminar.

11. c) Seguridad jurídica.

12. c) Las respuestas a) y b) son correctas.

13. b) Puede aplicarse retroactivamente.

14. b) Derecho de usar y deber de conocerlo.

15. b) La villa de Madrid.

16. c) 15.

17. a) Ha quedado abolida.

18. a) Detención ilegal.

19. b) No dilatarse.

20. c) Puede efectuarse en todo momento.

TEST N.º 2

Ley 14/1986, de 25 de abril, General de Sanidad. Sistema Nacional de Salud: El derecho a la protección de la salud (Título Preliminar). Estructura del sistema sanitario público (Título III)

1. ¿De cuántos Títulos consta la Ley General de Sanidad?

a) Cuatro.
b) Cinco.
c) Seis.
d) Siete.

2. ¿En qué Título de la Ley General de Sanidad, se regula la estructura del sistema sanitario público?

a) Título I.
b) Título II.
c) Título III.
d) Título IV.

3. Las Áreas de Salud serán dirigidas por un órgano propio, donde deberán participar las Corporaciones Locales en ellas situadas, con una representación no inferior al:

a) 20 %.
b) 30 %.
c) 40 %.
d) 50 %.

4. Los Consejos de Salud de Área estarán constituidos por organizaciones sindicales más representativas, en una proporción no inferior al:

a) 25 %.
b) 30 %.
c) 40 %.
d) 50 %.

5. Entre las características fundamentales del Sistema Nacional de Salud, no se encuentra:

a) La extensión de sus servicios a toda la población.

b) La coordinación y, en su caso, la integración de todos los recursos sanitarios públicos en tres dispositivos únicos (estatal, autonómico y local).

c) La prestación de una atención integral de la salud procurando altos niveles de calidad debidamente evaluados y controlados.

d) Todas son correctas.

6. ¿En cuántos niveles organizativos se divide el sistema sanitario español?

a) Tres: central, autonómico y áreas de salud.

b) Dos: central y autonómico.

c) Central, del que derivan el autonómico y local.

d) Únicamente el central.

7. Para la delimitación de las zonas básicas no deberá tenerse en cuenta:

a) El grado de concentración o dispersión de la población.

b) Las características epidemiológicas de la zona.

c) Las instalaciones y recursos sanitarios de la zona.

d) Las distancias mínimas de las agrupaciones de población más cercanas de los servicios y el tiempo normal a invertir en su recorrido usando los medios ordinarios.

8. El Título II de la Ley General de Sanidad, regula:

a) El sistema de salud.

b) La estructura del sistema sanitario público.

c) Las actividades sanitarias privadas.

d) Ninguna es correcta.

9. Las acciones de coordinación y cooperación de las Administraciones Públicas sanitarias, no comprenderán:

a) Las prestaciones sanitarias.

b) La farmacia.

c) Los profesionales.

d) La salud privada.

10. ¿Cuál de las siguientes no es una característica del modelo establecido por la Ley General de Sanidad?

a) Descentralización.

b) Atención Primaria.

c) Gratuidad.

d) Participación de la Comunidad.

11. Señala la respuesta incorrecta. Son características fundamentales del Sistema Nacional de Salud:

a) La extensión de sus servicios a toda la población.

b) La coordinación y, en su caso, la integración de todos los recursos sanitarios públicos en un dispositivo único.

c) La prestación de una atención integral de la salud procurando altos niveles de calidad debidamente evaluados y controlados.

d) La financiación exclusiva de las obligaciones sanitarias por los ciudadanos.

12. En el ámbito de la Atención Primaria, las Áreas de Salud deberán desarrollar las siguientes actividades:

a) Fórmulas de trabajo en equipo.

b) Programas para la promoción de la salud.

c) Programas para prevención, curación y rehabilitación de los enfermos.

d) Todas son correctas.

13. La Ley 14/1986, de 25 de abril, General de Sanidad, establece que las piezas básicas de los Servicios de Salud de las Comunidades Autónomas son:

a) Las Áreas de Salud.

b) Los Distritos Sanitarios.

c) Las Comarcas Sanitarias.

d) Las Zonas de Salud.

14. ¿Cuál es el órgano de dirección de las Áreas de Salud?

a) El Consejo de dirección de área.

b) El Gerente de área.

c) El Consejo de salud de área.

d) La Comisión de salud de área.

15. ¿Qué principio contemplado en la Ley General de Sanidad dispone que en cada Comunidad Autónoma se constituirá un Servicio de Salud integrado por todos los centros, servicios y establecimientos de la propia Comunidad, Diputaciones, Ayuntamientos y cualesquiera otras Administraciones territoriales intracomunitarias, que estará gestionado bajo la responsabilidad de la respectiva Comunidad Autónoma?

a) El principio de solidaridad sanitaria.

b) El principio de responsabilidad.

c) El principio de coordinación.

d) El principio de integración.

16. Como regla general, y sin perjuicio de las excepciones a que hubiera lugar, atendidos los factores geográficos, socioeconómicos, demográficos, laborales, epidemiológicos, culturales, climatológicos y de dotación de vías y medios de comunicación, el área de salud extenderá su acción a una población:

a) No inferior a 100.000 habitantes ni superior a 150.000.
b) No inferior a 150.000 habitantes ni superior a 200.000.
c) No inferior a 200.000 habitantes ni superior a 250.000.
d) No inferior a 250.000 habitantes ni superior a 300.000.

17. ¿Cuál es el órgano de participación de las Áreas de Salud?

a) El Consejo de dirección de área.
b) El Gerente de área.
c) El Consejo de salud de área.
d) La Comisión de salud de área.

18. ¿Cuál es el órgano de gestión de las Áreas de Salud?

a) El Consejo de dirección de área.
b) El Gerente de área.
c) El Consejo de salud de área.
d) La Comisión de salud de área.

19. Señala cuál de los siguientes no es uno de los seis ámbitos de colaboración entre las Administraciones públicas sanitarias definidas por Ley 16/2003:

a) Calidad del sistema sanitario.
b) Los pacientes.
c) La farmacia.
d) El sistema de información sanitaria.

20. ¿Cómo se denomina el órgano del Ministerio de Sanidad al que se encomienda el desarrollo de las actividades necesarias para el funcionamiento del sistema de información sanitaria?

a) Instituto de Información Sanitaria.
b) Consejo Interterritorial del Sistema Nacional de Salud.
c) Observatorio del Sistema Nacional de Salud.
d) Agencia de Información del Sistema Nacional de Salud.

En MADTEST tienes **más preguntas de este tema**, y todos tus avances quedan registrados y se reflejan en el ranking.

¡Supera tus límites con MADTEST!

Solución al test n.º 2

1. d) Siete.

2. c) Título III.

3. c) 40 %.

4. a) 25 %.

5. b) La coordinación y, en su caso, la integración de todos los recursos sanitarios públicos en tres dispositivos únicos (estatal, autonómico y local).

6. a) Tres: central, autonómico y áreas de salud.

7. d) Las distancias mínimas de las agrupaciones de población más cercanas de los servicios y el tiempo normal a invertir en su recorrido usando los medios ordinarios.

8. d) Ninguna es correcta.

9. d) La salud privada

10. c) Gratuidad.

11. d) La financiación exclusiva de las obligaciones sanitarias por los ciudadanos.

12. d) Todas son correctas.

13. a) Las Áreas de Salud.

14. a) El Consejo de dirección de área.

15. d) El principio de integración.

16. c) No inferior a 200.000 habitantes ni superior a 250.000.

17. c) El Consejo de salud de área.

18. b) El Gerente de área.

19. b) Los pacientes.

20. a) Instituto de Información Sanitaria.

TEST N.º 3

Ley 31/1995, de 8 de noviembre, de Prevención de Riesgos Laborales: Derechos y obligaciones (Capítulo III). Consulta y participación de los trabajadores (Capítulo V)

1. ¿Cuál es la vigente Ley de Prevención de Riesgos Laborales?

a) Ley 32/1995, de 8 de noviembre.
b) Ley 30/1996, de 8 de noviembre.
c) Ley 31/1995, de 6 de noviembre.
d) Ley 31/1995, de 8 de noviembre.

2. La Ley de Prevención de Riesgos laborales, tiene por objeto:

a) Prevenir los accidentes en general.
b) Evitar riesgos en el recorrido al puesto de trabajo.
c) Promover la seguridad y la salud de los trabajadores.
d) Que cada vez haya menos accidentes de tráfico.

3. ¿Qué se entiende por "riesgo laboral"?

a) La posibilidad de que un trabajador sufra un determinado daño derivado del trabajo.
b) La posibilidad de que un trabajador sufra una enfermedad en el trabajo.
c) La posibilidad de que un trabajador sufra acoso.
d) El riesgo que supone el ir a trabajar.

4. Indica cuál es la definición de prevención:

a) La probabilidad racional de que un riesgo se materialice de forma inminente.
b) El estudio de los procesos potencialmente peligrosos para el trabajo.
c) Conjunto de actividades o medidas adoptadas o previstas en todas las fases de actividad de la empresa con el fin de evitar o disminuir los riesgos derivados del trabajo.
d) Posibilidad de que un trabajador sufra un determinado daño derivado del trabajo.

25

5. Según establece el art. 4 de la Ley 31/1995, de 8 de noviembre, de Prevención de Riesgos Laborales, se define como daños derivados del trabajo:

a) La posibilidad de que un trabajador sufra un determinado daño derivado del trabajo.
b) El que resulte probable racionalmente que se materialice en un futuro inmediato y pueda suponer y pueda suponer un daño grave para la salud de los trabajadores.
c) Las enfermedades, patologías o lesiones sufridas con motivo u ocasión del trabajo.
d) Cualquier máquina, aparato, instrumento o instalación utilizada en el trabajo.

6. Señale la respuesta incorrecta:

a) La Ley de Prevención de Riesgos Laborales se aplica a los operativos de Seguridad civil en casos de catástrofe.
b) La Ley de Prevención de Riesgos Laborales se aplica a las sociedades cooperativas.
c) En el ámbito de la relación laboral de carácter especial del servicio del hogar familiar, las personas trabajadoras tienen derecho a una protección eficaz en materia de seguridad y salud en el trabajo.
d) En los establecimientos penitenciarios, se adaptarán a la Ley de Prevención de Riesgos Laborales aquellas actividades cuyas características justifiquen una regulación especial.

7. Para calificar un riesgo desde el punto de vista de su gravedad, se valorarán conjuntamente la severidad del daño y:

a) La probabilidad de que se produzca.
b) La cantidad de trabajadores de la empresa.
c) La existencia o no de equipos individuales de protección.
d) Las condiciones de trabajo.

8. El derecho básico reconocido a los trabajadores por la Ley 31/1995, de 8 de noviembre, es:

a) La vigilancia de su estado de salud.
b) Una protección eficaz en materia de seguridad y salud en el trabajo.
c) La formación en materia preventiva.
d) La información, consulta y participación.

9. Entre los principios de la acción preventiva recogidos por el artículo 15 de la Ley de Prevención de Riesgos Laborales, no figura:

a) Evitar los riesgos.
b) Evaluar los riesgos que se puedan evitar.
c) Tener en cuenta la evolución de la técnica.
d) Dar las debidas instrucciones a los trabajadores.

10. En el marco de sus responsabilidades, el empresario realizará la prevención de los riesgos laborales mediante la integración en la empresa de:

a) Los equipos de protección individual.
b) Los Servicios de Prevención propios.

c) La actividad preventiva.
d) La normativa comunitaria.

11. Los instrumentos esenciales para la gestión y aplicación del Plan de prevención de riesgos laborales son:

a) La evaluación de riesgos y la planificación de la actividad preventiva.
b) La evaluación inicial de riesgos y la formación.
c) La planificación y la gestión de la actividad preventiva.
d) La identificación y la evaluación de los riesgos.

12. En relación a la vigilancia de la salud que ha de garantizar el empresario, el acceso a la información médica de carácter personal:

a) Se limitará al empresario y a los Servicios de Prevención propios.
b) Se limitará al Jefe inmediato del trabajador.
c) Sólo será accesible al propio trabajador.
d) Se limitará al personal médico y a las autoridades sanitarias que lleven a cabo la vigilancia.

13. Según la Ley de Prevención de Riesgos Laborales, es obligación de los trabajadores en materia de prevención de riesgos:

a) La protección eficaz en materia de seguridad y salud en el trabajo.
b) Utilizar correctamente los medios y equipos de protección facilitados por el empresario, de acuerdo con las instrucciones recibidas de éste.
c) Soportar el coste de las medidas relativas a la seguridad y la salud en el trabajo.
d) Desarrollar una acción permanente de seguimiento de la actividad preventiva.

14. Cuando los trabajadores estén expuestos a un riesgo grave e inminente con ocasión de su trabajo, y el empresario no adopte o no permita la adopción de las medidas necesarias para garantizar la seguridad y la salud de los trabajadores, la Ley 31/1995, de 8 de noviembre, de Prevención de Riesgos Laborales prevé que:

a) Los trabajadores afectados podrán paralizar la actividad.
b) El órgano de representación del personal instará formalmente al empresario a la adopción de las medidas necesarias.
c) Los Delegados de Prevención lo comunicarán a la autoridad laboral, que adoptará las medidas necesarias.
d) El órgano de representación de personal podrá acordar la paralización de la actividad.

15. El art. 23 de la LPRL establece la documentación que el empresario debe elaborar y conservar a disposición de la autoridad laboral. De las siguientes no está incluido:

a) El Plan de prevención de riesgos laborales.
b) Evaluación de los riesgos para la seguridad y la salud en el trabajo.

c) La planificación de la actividad laboral.

d) La relación de accidentes de trabajo y enfermedades profesionales que hayan causado al trabajador una incapacidad laboral superior a un día de trabajo.

16. El posible cambio de puesto de trabajo con riesgo para una trabajadora embarazada:

a) Deberá realizarse en caso de imposibilidad de adaptación del propio puesto.

b) Se hará previo informe en tal sentido del Servicio de Prevención.

c) Se determinará por el empresario, y dará información a los representantes de los trabajadores.

d) Se extenderá al período de lactancia.

17. ¿Cuándo se deben utilizar los equipos de protección individual?

a) Siempre.

b) Cuando los riesgos no hayan sido evaluados.

c) Cuando los riesgos no se puedan evitar o no puedan limitarse.

d) Cuando el trabajador lo estime oportuno.

18. Las trabajadoras embarazadas ¿tienen derecho a ausentarse del trabajo para la realización de exámenes prenatales y técnicas de preparación al parto?

a) Sí, con derecho a remuneración, previo aviso al empresario y justificación de la necesidad de su realización dentro de la jornada de trabajo.

b) Sí, con derecho a remuneración, sin necesidad de avisar al empresario ni justificar la necesidad de su realización dentro de la jornada de trabajo.

c) Sí, sin derecho a remuneración, previo aviso al empresario y justificación de la necesidad de su realización dentro de la jornada de trabajo.

d) No, en ningún caso.

19. En las empresas de hasta 30 trabajadores el Delegado de Prevención será:

a) El propio empresario.

b) El trabajador más antiguo.

c) El trabajador de mayor cualificación.

d) El delegado de personal.

20. Según la Ley de Prevención de Riesgos Laborales, se constituirá un Comité de Seguridad y Salud en todas las empresas o centros de trabajo que cuenten con:

a) 30 o más trabajadores.

b) 50 o más trabajadores.

c) 75 o más trabajadores.

d) 100 o más trabajadores.

En MADTEST tienes **más preguntas de este tema**, y todos tus avances quedan registrados y se reflejan en el ranking.

¡Supera tus límites con MADTEST!

Solución al test n.º 3

1. d) Ley 31/1995, de 8 de noviembre.

2. c) Promover la seguridad y la salud de los trabajadores.

3. a) La posibilidad de que un trabajador sufra un determinado daño derivado del trabajo.

4. c) Conjunto de actividades o medidas adoptadas o previstas en todas las fases de actividad de la empresa con el fin de evitar o disminuir los riesgos derivados del trabajo.

5. c) Las enfermedades, patologías o lesiones sufridas con motivo u ocasión del trabajo.

6. a) La Ley de Prevención de Riesgos Laborales se aplica a los operativos de Seguridad civil en casos de catástrofe.

7. a) La probabilidad de que se produzca.

8. b) Una protección eficaz en materia de seguridad y salud en el trabajo.

9. b) Evaluar los riesgos que se puedan evitar.

10. c) La actividad preventiva.

11. a) La evaluación de riesgos y la planificación de la actividad preventiva.

12. d) Se limitará al personal médico y a las autoridades sanitarias que lleven a cabo la vigilancia.

13. b) Utilizar correctamente los medios y equipos de protección facilitados por el empresario, de acuerdo con las instrucciones recibidas de éste.

14. d) El órgano de representación de personal podrá acordar la paralización de la actividad.

15. c) La planificación de la actividad laboral.

16. a) Deberá realizarse en caso de imposibilidad de adaptación del propio puesto.

17. c) Cuando los riesgos no se puedan evitar o no puedan limitarse.

18. a) Sí, con derecho a remuneración, previo aviso al empresario y justificación de la necesidad de su realización dentro de la jornada de trabajo.

19. d) El delegado de personal.

20. b) 50 o más trabajadores.

TEST N.º 4

Ley 16/2003 de 28 de mayo, de Cohesión y Calidad del Sistema Nacional de Salud: De las prestaciones (Capítulo I). De los profesionales (Capítulo III). Cartera de servicios comunes de Sistema Nacional de Salud (Artículo 2 del Real Decreto 1030/2006, de 15 de septiembre, por el que se establece la cartera de servicios comunes del Sistema Nacional de Salud y el procedimiento para su actualización)

1. Se consideran prestaciones de atención sanitaria del Sistema Nacional de Salud:

a) Los servicios o conjunto de servicios diagnósticos dirigidos a los ciudadanos.

b) Los servicios o conjunto de servicios rehabilitadores y de promoción y mantenimiento de la salud dirigidos a los ciudadanos.

c) Los servicios o conjunto de servicios preventivos dirigidos a los ciudadanos.

d) Todas las respuestas son correctas.

2. Con qué frecuencia realiza el Ministerio de Salud una evaluación de los costes de aplicación de la cartera común de servicios del Sistema Nacional de Salud:

a) Semestralmente.

b) Anualmente.

c) Cada dos años.

d) Cada cuatro años.

3. Quién aprueba la inclusión de servicios accesorios, los importes máximos de financiación y los coeficientes de corrección a aplicar para determinar la facturación definitiva a los servicios autonómicos de salud por parte de los proveedores, así como las modalidades de aportación o reembolso aplicables en cada caso:

a) La persona titular del Ministerio de Sanidad.

b) El Consejo Interterritorial del Sistema Nacional de Salud.

c) La Comisión de prestaciones, aseguramiento y financiación.

d) Las Comunidades Autónomas.

4. La atención primaria comprende:

a) La hospitalización en régimen de internamiento.
b) La asistencia especializada en consultas.
c) Las actividades de información y vigilancia en la protección de la salud.
d) Todas las respuestas son correctas.

5. El contenido de la cartera común de servicios del Sistema Nacional de Salud se determinará por acuerdo del Consejo Interterritorial del Sistema Nacional de Salud, a propuesta de:

a) Las Comunidades Autónomas.
b) La Comisión de financiación.
c) La persona titular del Ministerio de Sanidad.
d) La Comisión de prestaciones, aseguramiento y financiación.

6. Señala la respuesta incorrecta:

a) El Ministerio de Sanidad, por propia iniciativa o a propuesta de las correspondientes Administraciones públicas sanitarias y previo acuerdo del Consejo Interterritorial del Sistema Nacional de Salud, podrá autorizar el uso tutelado de determinadas técnicas, tecnologías o procedimientos.
b) La cartera común de servicios del Sistema Nacional de Salud se actualizará mediante orden de la persona titular del Ministerio de Sanidad, previo acuerdo del Consejo Interterritorial del Sistema Nacional de Salud.
c) Se garantizará a todos los usuarios el acceso a aquellos servicios que sean considerados como servicios de referencia de acuerdo con el artículo 28 de la Ley 16/2003, de 28 de mayo.
d) En el seno de la Comisión de prestaciones, aseguramiento y financiación se acordarán los criterios marco para garantizar un tiempo máximo de acceso a las prestaciones del Sistema Nacional de Salud, que se aprobarán mediante real decreto.

7. Todos los usuarios del Sistema Nacional de Salud tendrán acceso a las prestaciones sanitarias reconocidas en la ley 16/2003 de 28 de mayo, de Cohesión y Calidad del Sistema Nacional de Salud en condiciones de:

a) Igualdad real.
b) Igualdad plena.
c) Igualdad efectiva.
d) Igualdad absoluta.

8. Señala una de las prestaciones incluidas en la cartera común suplementaria del Sistema Nacional de Salud:

a) La prestación ortoprotésica.
b) La prestación con productos dietéticos.

c) La prestación farmacéutica.
d) Todas las respuestas son correctas.

9. Señala la respuesta incorrecta respecto a las prestaciones sanitarias del Sistema Nacional de Salud:

a) Las comunidades autónomas asumirán, con cargo a sus propios presupuestos, todos los costes de aplicación de la cartera de servicios complementaria a las personas que tengan la condición de asegurado o de beneficiario del mismo.
b) Únicamente se facilitarán por el personal legalmente habilitado, en centros y servicios, propios o concertados, del Sistema Nacional de Salud.
c) El Consejo Interterritorial del Sistema Nacional de Salud podrá emitir recomendaciones sobre el establecimiento por parte de las comunidades autónomas de prestaciones sanitarias complementarias a las prestaciones comunes del Sistema Nacional de Salud.
d) Las comunidades autónomas podrán incorporar en sus carteras de servicios una técnica, tecnología o procedimiento no contemplado en la cartera común de servicios del Sistema Nacional de Salud, estableciendo para ello los recursos adicionales necesarios.

10. La atención sanitaria especializada comprende:

a) La indicación o prescripción, y la realización, en su caso, de procedimientos diagnósticos y terapéuticos.
b) La atención a la salud bucodental.
c) La rehabilitación básica.
d) Todas las respuestas son correctas.

11. En el ámbito sanitario, la atención sociosanitaria se llevará a cabo en los niveles de atención que cada comunidad autónoma determine y en cualquier caso comprenderá:

a) La atención sanitaria a la convalecencia.
b) La rehabilitación en pacientes con déficit funcional recuperable.
c) Los cuidados sanitarios de larga duración.
d) Todas las respuestas son correctas.

12. La prestación de atención de urgencia se dispensará tanto en centros sanitarios como fuera de ellos, incluyendo el domicilio del paciente, mediante la atención médica y de enfermería, durante:

a) La jornada de mañana de lunes a viernes.
b) La jornada de tarde de lunes a viernes.
c) La jornada de mañana y tarde de lunes a viernes.
d) Las 24 horas del día.

13. Qué tipo de prestación consiste en la utilización de productos sanitarios, implantables o no, cuya finalidad es sustituir total o parcialmente una estructura corporal, o bien de modificar, corregir o facilitar su función:

a) La prestación farmacéutica.
b) La prestación de atención para la movilidad funcional.
c) La prestación ortoprotésica.
d) La prestación de atención de urgencia.

14. Qué prestación comprende la dispensación de los tratamientos dietoterápicos a las personas que padezcan determinados trastornos metabólicos congénitos, la nutrición enteral domiciliaria para pacientes a los que no es posible cubrir sus necesidades nutricionales, a causa de su situación clínica, con alimentos de uso ordinario:

a) La prestación de productos alimenticios.
b) La prestación de productos dietéticos.
c) La prestación de productos nutricionales.
d) La prestación de productos básicos.

15. Qué tipo de prestación consiste en el desplazamiento de enfermos por causas exclusivamente clínicas, cuya situación les impida desplazarse en los medios ordinarios de transporte:

a) La prestación para la movilidad.
b) La prestación de ambulancia.
c) La prestación de transporte público.
d) La prestación de transporte sanitario.

16. Cuándo se llevará a cabo la exclusión de una técnica, tecnología o procedimiento actualmente incluido en la cartera de servicios:

a) Cuando deje de cumplir los requisitos establecidos por la legislación vigente.
b) Cuando se evidencie su falta de eficacia, efectividad o eficiencia, o que el balance entre beneficio y riesgo sea significativamente desfavorable.
c) Cuando haya perdido su interés sanitario como consecuencia del desarrollo tecnológico y científico.
d) Todas las respuestas son correctas.

17. Quién acuerda la designación de servicios de referencia, el número necesario de éstos y su ubicación estratégica dentro del Sistema Nacional de Salud:

a) El Ministerio de Sanidad.
b) El Consejo Interterritorial del Sistema Nacional de Salud.
c) La Comisión de prestaciones, aseguramiento y financiación.
d) Las Comunidades Autónomas.

18. Quién desarrolla, sin perjuicio de las competencias de las comunidades autónomas, las actividades de planificación, diseño de programas de formación y modernización de los recursos humanos del Sistema Nacional de Salud y define los criterios básicos de evaluación de las competencias de los profesionales sanitarios:

a) La persona titular del Ministerio de Sanidad.
b) El Consejo Interterritorial del Sistema Nacional de Salud.
c) La Comisión de Recursos Humanos del Sistema Nacional de Salud.
d) La Comisión de prestaciones, aseguramiento y financiación.

19. Quién preside la Comisión de Recursos Humanos del Sistema Nacional de Salud:

a) La persona titular del Ministro de Sanidad.
b) La persona titular de la Secretaría de Estado de Seguridad.
c) La persona titular de la Dirección General de Salud Pública.
d) La persona titular de la Secretaría General de Salud Digital, Información e Innovación del SNS.

20. Quién supervisa los programas de formación de postgrado especializada, propuestos por las comisiones nacionales correspondientes, así como el número de profesionales necesarios en cada convocatoria:

a) La Dirección General de Ordenación Profesional.
b) El Instituto Nacional de Gestión Sanitaria.
c) La Comisión de Recursos Humanos.
d) La Agencia de Calidad.

En MADTEST tienes **más preguntas de este tema**, y todos tus avances quedan registrados y se reflejan en el ranking.

¡Supera tus límites con MADTEST!

Solución al test n.º 4

1. d) Todas las respuestas son correctas.

2. b) Anualmente.

3. a) La persona titular del Ministerio de Sanidad.

4. c) Las actividades de información y vigilancia en la protección de la salud.

5. d) La Comisión de prestaciones, aseguramiento y financiación.

6. d) En el seno de la Comisión de prestaciones, aseguramiento y financiación se acordarán los criterios marco para garantizar un tiempo máximo de acceso a las prestaciones del Sistema Nacional de Salud, que se aprobarán mediante real decreto.

7. c) Igualdad efectiva.

8. d) Todas las respuestas son correctas.

9. b) Únicamente se facilitarán por el personal legalmente habilitado, en centros y servicios, propios o concertados, del Sistema Nacional de Salud.

10. a) La indicación o prescripción, y la realización, en su caso, de procedimientos diagnósticos y terapéuticos.

11. d) Todas las respuestas son correctas.

12. d) Las 24 horas del día.

13. c) La prestación ortoprotésica.

14. b) La prestación de productos dietéticos.

15. d) La prestación de transporte sanitario.

16. d) Todas las respuestas son correctas.

17. b) El Consejo Interterritorial del Sistema Nacional de Salud.

18. c) La Comisión de Recursos Humanos del Sistema Nacional de Salud.

19. a) La persona titular del Ministro de Sanidad.

20. c) La Comisión de Recursos Humanos.

TEST N.º 5

Ley 55/2003, de 16 de diciembre, del Estatuto Marco del Personal Estatutario de los Servicios de Salud: objeto y ámbito de aplicación; clasificación de personal estatutario; derechos y deberes; situaciones; incompatibilidades; régimen disciplinario. Decreto 72/2013, de 11 de septiembre, por el que se aprueba el Reglamento de jornada, horario, vacaciones y permisos de los funcionarios de la Administración del Principado de Asturias, sus organismos y entes públicos (Capítulos I a VI)

1. El Estatuto Marco clasifica al personal estatutario de los servicios de salud, atendiendo a la función desarrollada, al nivel del título exigido para el ingreso y al tipo de su nombramiento en:

a) Personal estatutario sanitario y personal estatutario de gestión y servicios.
b) Personal estatutario facultativo, personal estatutario sanitario y personal no sanitario.
c) Personal estatutario de gestión y servicios y personal estatutario facultativo.
d) Todas las respuestas son correctas.

2. El personal estatutario con nombramiento expedido para el ejercicio de una profesión o especialidad sanitaria se denomina:

a) Personal sanitario.
b) Otro personal.
c) Personal de mantenimiento.
d) Personal de gestión y servicios.

3. El personal estatutario con nombramiento expedido para el desempeño de funciones de gestión o para el desempeño de profesiones u oficios que no tengan carácter sanitario se denomina:

a) Personal universitario.
b) Personal de gestión y servicios.
c) Personal directivo.
d) Personal administrativo.

4. Según establece el art. 8 de la Ley 55/2003, de 16 de diciembre, del Estatuto Marco de los Servicios de Salud, es personal estatutario fijo:

a) El que, una vez superado el correspondiente proceso selectivo, obtiene un nombramiento para el desempeño, con carácter permanente, de las funciones que de tal nombramiento se deriven.
b) Todo el personal al servicio de los Servicios de Salud.
c) El personal que realice una prestación de servicios determinados de naturaleza temporal, coyuntural o extraordinaria.
d) El personal en posesión de un contrato laboral indefinido.

5. Conforme al artículo 9.1 del Estatuto Marco (*en redacción dada por el Real Decreto-ley 12/2022, de 5 de julio, por el que se modifica la Ley 55/2003, de 16 de diciembre, del Estatuto Marco del personal estatutario de los servicios de salud*) los nombramientos del Personal Estatutario Temporal de los Servicios de Salud serán:

a) Únicamente de Personal Estatutario Sanitario.
b) Personal Estatutario Contratado.
c) De interinidad.
d) Como Personal Laboral.

6. Conforme al artículo 6.2 de la Ley 55/2003, de 16 de diciembre, del Estatuto Marco del personal estatutario de los servicios de salud, atendiendo al nivel académico del título exigido para el ingreso, el personal estatutario sanitario de formación profesional se divide en:

a) Técnicos sanitarios y Auxiliares de Enfermería.
b) Técnicos superiores y Técnicos.
c) Técnicos superiores y Técnicos de gestión.
d) Técnicos especialistas y Técnicos.

7. La categoría profesional de Celador está comprendida dentro del grupo de:

a) Personal de gestión y servicios.
b) Personal no estatutario.
c) Personal estatutario sanitario.
d) Personal estatutario de formación profesional.

8. Es personal Estatutario Sanitario:

a) El que ejerce una profesión o especialidad sanitaria.
b) El que ostenta esta condición en virtud de nombramiento expedido para el ejercicio de una profesión o especialización sanitaria.
c) El que desempeña una categoría clasificada como sanitaria.
d) Quien ejerza una profesión sanitaria sin ostentar la condición de funcionario.

9. El personal Estatutario de Gestión y Servicio se clasifica en función del título exigido para el ingreso en:

a) Personal de formación universitaria, personal de formación profesional y otro personal.
b) Personal universitario, personal de formación profesional y personal subalterno.
c) Personal licenciado universitario, personal de administración y personal auxiliar.
d) Ninguna es correcta.

10. En el supuesto de existencia de plaza vacante, son estatutarios interinos los que, por razones expresamente justificadas de necesidad y urgencia, son nombrados como tales con carácter temporal para el desempeño de funciones propias de estatutarios, cuando no sea posible su cobertura por personal estatutario fijo, durante un plazo máximo de:

a) Dos años.
b) Tres años.
c) Cuatros años.
d) Seis años.

11. El incumplimiento del plazo máximo de permanencia dará lugar a una compensación económica para el personal estatutario temporal afectado, que será equivalente a:

a) Veinte días de sus retribuciones fijas por año de servicio.
b) Veinte días de su sueldo, más trienios y complemento de destino por año de servicio.
c) Veinte días de todas sus retribuciones por año de servicio.
d) Veinte días de su sueldo por año de servicio.

12. El objetivo de constituir un ámbito de diálogo e información de carácter laboral, así como de promover el desarrollo armónico de los recursos humanos del Sistema Nacional de Salud, se articula a través de:

a) El Consejo Interterritorial del Sistema Nacional de Salud.
b) La Comisión de Recursos Humanos del Sistema Nacional de Salud.
c) La Consejería de Salud de la correspondiente Comunidad Autónoma.
d) El Foro Marco para el Diálogo Social.

13. No constituye un derecho individual del personal estatutario:

a) La estabilidad en el empleo.
b) La movilidad voluntaria.
c) El descanso necesario.
d) La negociación colectiva.

14. El régimen de derechos del personal estatutario será aplicable al personal temporal:

a) En la medida en que la naturaleza del derecho lo permita.
b) En todo caso.

c) En ningún caso.

d) Solo cuando así se establezca en su nombramiento.

15. En relación con los derechos y deberes regulados en el Estatuto Marco, no se considera un derecho colectivo:

a) La huelga.

b) La actividad sindical.

c) La reunión.

d) La estabilidad en el empleo.

16. Para poder obtener la excedencia voluntaria por interés particular es necesario haber prestado servicios efectivos en cualquiera de las Administraciones Públicas durante:

a) Los cinco años inmediatamente anteriores.

b) Los cuatro años inmediatamente anteriores.

c) El año inmediatamente anterior.

d) No se exige periodo mínimo de prestación efectiva de servicios.

17. ¿Qué tiempo máximo puede estar un trabajador en una situación de suspensión de funciones por sanción disciplinaria?

a) 6 años.

b) 1 mes.

c) 1 año.

d) 5 años.

18. En el Estatuto Marco se establece que el personal estatutario en comisión de servicios percibirá las retribuciones:

a) Correspondientes a las funciones especiales que realice en el puesto de destino.

b) De su plaza o puesto de origen.

c) Proporcional a cada Centro.

d) Correspondientes a la plaza o puesto efectivamente desempeñado, salvo que sean inferiores a las que correspondan por la plaza de origen, en cuyo caso se percibirán estas.

19. Según el Estatuto Marco entre las situaciones administrativas del personal estatutario puede estar:

a) Servicio preferente en otra Comunidad Autónoma.

b) En régimen de cesión en la Administración General de Estado.

c) Destacado en los Servicios provinciales de las Delegaciones de Hacienda.

d) Suspensión de funciones.

20. Según establece la Ley 55/2003, de 16 de diciembre, del Estatuto Marco del personal estatutario de los servicios de salud es falta muy grave:

a) La falta de obediencia debida a los superiores.

b) El descuido en el cumplimiento de las disposiciones expresas sobre seguridad y salud.

c) La aceptación de cualquier tipo de contraprestación por los servicios prestados a los usuarios de los servicios de salud.

d) La falta de asistencia durante más de cinco días continuados sin autorización ni causa justificada.

En MADTEST tienes **más preguntas de este tema**, y todos tus avances quedan registrados y se reflejan en el ranking.

¡Supera tus límites con MADTEST!

Solución al test n.º 5

1. a) Personal estatutario sanitario y personal estatutario de gestión y servicios.

2. a) Personal sanitario.

3. b) Personal de gestión y servicios.

4. a) El que, una vez superado el correspondiente proceso selectivo, obtiene un nombramiento para el desempeño, con carácter permanente, de las funciones que de tal nombramiento se deriven.

5. c) De interinidad.

6. b) Técnicos superiores y Técnicos.

7. a) Personal de gestión y servicios.

8. b) El que ostenta esta condición en virtud de nombramiento expedido para el ejercicio de una profesión o especialización sanitaria.

9. a) Personal de formación universitaria, personal de formación personal y otro personal.

10. b) Tres años.

11. a) Veinte días de sus retribuciones fijas por año de servicio.

12. d) El Foro Marco para el Diálogo Social.

13. d) La negociación colectiva.

14. a) En la medida en que la naturaleza del derecho lo permita.

15. d) La estabilidad en el empleo.

16. a) Los cinco años inmediatamente anteriores.

17. a) 6 años.

18. d) Correspondientes a la plaza o puesto efectivamente desempeñado, salvo que sean inferiores a las que correspondan por la plaza de origen, en cuyo caso se percibirán estas.

19. d) Suspensión de funciones.

20. d) La falta de asistencia durante más de cinco días continuados sin autorización ni causa justificada.

TEST N.º 6

Ley 7/2019, de 29 de marzo, de Salud. Estructura orgánica y funcionamiento (Sección Primera, Capítulo Dos del Título IX). Organización Territorial del Servicio de Salud del Principado de Asturias (Capítulo III del Decreto 189/2023, de 15 de septiembre, por el que se establece la estructura orgánica básica de los órganos de dirección y gestión del Servicio de Salud del Principado de Asturias)

1. El Sespa es:

a) Un organismo autónomo.
b) Un Ente de Derecho Público.
c) Una Fundación.
d) Un Ente de Derecho Público dotado de personalidad jurídica plena.

2. El principal instrumento de planificación territorial sanitaria de la Comunidad Autónoma asturiana para la correcta asignación de los recursos, incluyendo la sectorización de los servicios, es:

a) Los distritos de Salud.
b) Las Áreas sanitarias.
c) El Mapa sanitario.
d) Zonas Especiales de salud.

3. El Sistema Sanitario del Principado de Asturias se ordena en demarcaciones territoriales denominadas:

a) Zonas Básicas de Salud.
b) Las Áreas sanitarias.
c) Áreas de Salud.
d) Los distritos de Salud.

4. ¿Cuándo pueden constituirse Zonas Especiales de Salud en Asturias?

a) Cuando no existan Áreas de Salud.

b) Cuando concurran singulares condiciones socioeconómicas, demográficas y de comunicaciones.

c) Cuando además del equipo de atención primaria coexistan en la zona equipos de atención especializada.

d) Cuando no se aconseje constituir Distritos de Salud.

5. ¿Quién asume la presidencia del Consejo de Administración del Servicio de Salud del Principado de Asturias?

a) El Director Gerente.

b) El Secretario General.

c) El Consejero competente en materia de sanidad.

d) Ninguna es correcta.

6. ¿Cuántos Vocales designados por las Consejerías competentes en materia de función pública y en materia económica y presupuestaria componen el Consejo de Administración del Sespa?

a) Cuatro.

b) Tres.

c) Dos.

d) Uno.

7. La Memoria Anual del Sespa la aprueba:

a) El Consejero competente en materia de Sanidad.

b) La Dirección Gerencia.

c) El Consejo de Dirección.

d) El Consejo de Administración.

8. ¿Quién ostenta la representación legal del Sespa en todo tipo de actuaciones judiciales y extrajudiciales?

a) El Consejo de Administración.

b) La Dirección Gerencia.

c) El Consejo de Dirección.

d) El Consejo de Salud de Zona.

9. El órgano de participación comunitaria en el Área de Salud se denomina:

a) Consejo de Salud de Zona.

b) Gerencia del Área de Salud.

c) Consejo de Dirección.
d) Consejo de Salud de Área.

10. ¿Qué órgano es el encargado de nombrar al personal estatutario y contratar al personal laboral del Sespa?

a) El Consejo de Dirección.
b) El Director Gerente.
c) El Consejo de Administración.
d) El consejero competente en materia de Sanidad.

11. ¿A quién le corresponde la promoción de protocolos de actuación que garanticen la máxima eficacia y eficiencia ante problemas relevantes de salud de la población?

a) A la Dirección de atención y evaluación sanitaria.
b) A la Dirección de Profesionales.
c) A la Dirección Económico-financiera y de infraestructuras.
d) A la Dirección de Coordinación, Resultados en Salud y Comunicación.

12. La Unidad de Coordinación del Programa Marco de Atención a Urgencias y Emergencias Sanitarias, se adscribe a:

a) La Dirección de Profesionales.
b) La Dirección Económico-financiera y de infraestructuras.
c) La Dirección de Coordinación, Resultados en Salud y Comunicación.
d) La Dirección de atención y evaluación sanitaria.

13. Subdirección de Organización de Servicios Sanitarios asume la función de:

a) Seguimiento de la implantación de los planes de cuidados.
b) Coordinación y desarrollo de los planes y estrategias de cuidados en el conjunto de centros y unidades del Sespa.
c) Desarrollo y aplicación de medidas de promoción de la salud.
d) Coordinación, evaluación y control de las actividades asistenciales de las Áreas de Salud.

14. La función de instruir los procedimientos disciplinarios al personal de las instituciones y centros sanitarios públicos dependientes del Sespa corresponde:

a) A la Dirección de profesionales.
b) A la Subdirección de Organización de Servicios Sanitarios.
c) Al Servicio de Inspección.
d) A la Subdirección de Organización de Servicios Sanitarios.

15. Indique la opción correcta en relación a la Dirección de Profesionales:

a) Tiene como función la gestión de la prestación farmacéutica de las Áreas de Salud.

b) Le corresponde elaborar los criterios y especificaciones técnicas para incorporar y adquirir medicamentos.

c) De esta Dirección depende la Subdirección de Profesionales.

d) La identificación de propuestas orientadas a optimizar la gestión y funcionamiento de las instalaciones que integran el Sespa.

16. La Unidad de Selección de Personal se configura en:

a) La Subdirección de Evaluación y Planificación de Recursos Humanos.

b) La Unidad de Costes y Sistemas de Información de Personal.

c) El Servicio de Inspección.

d) Oficina de Coordinación de Prevención de Riesgos Laborales y Salud Laboral.

17. Corresponde a la Dirección de Gestión Económico-Financiera y de Infraestructuras las siguientes funciones:

a) La aplicación, en el ámbito del Sespa, de las políticas económico-financieras y de aprovisionamiento y distribución de bienes y servicios necesarios para la actividad de atención sanitaria.

b) El asesoramiento a la Dirección Gerencia en la elaboración del anteproyecto de presupuesto y modificaciones presupuestarias del Sespa.

c) El control, seguimiento y evaluación de la ejecución del presupuesto del Sespa.

d) Todas son correctas.

18. La Dirección Económico-Financiera y de Infraestructuras se estructura en la unidad de:

a) Subdirección de Gestión.

b) Oficina de Coordinación de Prevención de Riesgos Laborales y Salud Laboral.

c) Unidad de Costes y Sistemas de Información de Personal.

d) Ninguna es correcta.

19. La coordinación en materia de prevención de riesgos laborales en el ámbito del Sespa, sin perjuicio de las competencias atribuidas a otros organismos, es una competencia de:

a) Unidad de Selección de Personal.

b) Subdirección de Evaluación y Planificación de Recursos Humanos.

c) Subdirección de Profesionales.

d) Oficina de Coordinación de Prevención de Riesgos Laborales y Salud Laboral.

20. Indique cuál de las siguientes funciones corresponde a la Dirección de Gestión Económico-Financiera y de Infraestructuras:

a) La definición funcional, explotación y control de los sistemas de información necesarios para el ejercicio de sus funciones.

b) El establecimiento de los criterios del aprovisionamiento y gestión logística del Sespa y de las líneas generales de compras de suministros y servicios en el ámbito de su competencia.

c) El impulso y coordinación de las acciones de implantación de sistemas de información que resulten derivados de la planificación estratégica definida por la Consejería.

d) Todas son correctas.

En MADTEST tienes **más preguntas de este tema**, y todos tus avances quedan registrados y se reflejan en el ranking.

¡Supera tus límites con MADTEST!

Solución al test n.º 6

1. b) Un Ente de Derecho Público.

2. c) El Mapa sanitario.

3. c) Áreas de Salud.

4. b) Cuando concurran singulares condiciones socioeconómicas, demográficas y de comunicaciones.

5. c) El Consejero competente en materia de sanidad.

6. c) Dos.

7. d) El Consejo de Administración.

8. b) La Dirección Gerencia.

9. d) Consejo de Salud de Área.

10. b) El Director Gerente.

11. a) A la Dirección de atención y evaluación sanitaria.

12. d) La Dirección de atención y evaluación sanitaria.

13. d) Coordinación, evaluación y control de las actividades asistenciales de las Áreas de Salud.

14. c) Al Servicio de Inspección.

15. c) De esta Dirección depende la Subdirección de Profesionales.

16. a) La Subdirección de Evaluación y Planificación de Recursos Humanos.

17. d) Todas son correctas.

18. a) Subdirección de Gestión.

19. d) Oficina de Coordinación de Prevención de Riesgos Laborales y Salud Laboral.

20. d) Todas son correctas.

Ley Orgánica 7/1981, de 30 de diciembre, de Estatuto de Autonomía del Principado de Asturias: Título Preliminar; De los órganos institucionales del Principado de Asturias (Título II)

1. La Comunidad Autónoma del Principado de Asturias se constituyó a través de la vía:

a) Del artículo 151 CE.
b) Del artículo 155 CE.
c) De la Ley Orgánica 1/99.
d) Del artículo 143 CE.

2. Indica la respuesta correcta respecto a las siguientes afirmaciones que se regulan en el Estatuto de Autonomía del Principado de Asturias:

a) El término del Concejo coincide con la tradicional Parroquia rural.
b) Todas las instituciones oficiales del Principado de Asturias se encuentran en Oviedo.
c) El himno de la Comunidad Autónoma del Principado de Asturias es la canción "Asturias, Patria querida".
d) El Bable es el idioma oficial del Principado de Asturias.

3. El municipio asturiano coincide con la denominación tradicional de:

a) Parroquia.
b) Área metropolitana.
c) Comarca.
d) Concejo.

4. Según el Estatuto de Autonomía de Asturias, gozan de la condición política de asturianos:

a) Cualquiera que tenga vecindad en alguno de los Concejos de Asturias.
b) Los nacidos en Asturias, cualquiera que sea el lugar donde residan.
c) Los ciudadanos españoles que tengan vecindad administrativa en el territorio de la Comunidad.
d) Quienes hayan nacido en Asturias y acrediten esta condición en cualquier Administración Pública de España.

5. Conforme al Estatuto de Autonomía del Principado de Asturias, las disposiciones del Consejo de Gobierno que contienen legislación delegada reciben el título de:

a) Decretos legislativos.
b) Decretos Leyes.
c) Leyes orgánicas.
d) Reglamentos.

6. La Junta General del Principado de Asturias podrá delegar en el Consejo de Gobierno la potestad de:

a) Aprobar las leyes presupuestarias.
b) Dictar leyes y Acuerdos, siempre que estos requieran para su aprobación de mayoría cualificada.
c) Dictar Acuerdos pero no leyes.
d) Dictar normas con rango de ley.

7. La delegación legislativa que realice la Junta General del Principado de Asturias será siempre en favor de:

a) Su Consejo de Gobierno.
b) Su Presidente.
c) Cualquier autoridad de la Comunidad Autónoma.
d) Cualquiera de los miembros que la componen.

8. Según el Estatuto de Autonomía de Asturias, la delegación legislativa cuyo objeto sea la formación de textos articulados deberá otorgarse mediante:

a) Decreto legislativo.
b) Ley de bases.
c) Ley ordinaria.
d) Cualquier disposición, sin forma concreta.

9. Y cuando la delegación legislativa trate de refundir varios textos legales en uno solo, se hará mediante:

a) Acuerdo.
b) Ley de bases.
c) Ley ordinaria.
d) Decreto legislativo.

10. La facultad para oponerse a la tramitación por la Junta General del Principado de Asturias de una proposición de ley o una enmienda contraria a una delegación legislativa en vigor, corresponde:

a) Al Presidente del Principado de Asturias.
b) Al Consejo de Gobierno.

c) A la Junta de Gobierno.

d) Al Presidente y a la Junta de Gobierno, según los casos.

11. Según el Estatuto de Autonomía del Principado de Asturias, el número de miembros que componen la Junta General será de:

a) Entre 35 y 45.

b) Entre 39 y 41.

c) 30.

d) 45 más dos por cada circunscripción electoral.

12. La disolución anticipada al término natural de la legislatura de la Junta General será acordada por Decreto que dicte:

a) El Presidente de la Mesa de la Cámara.

b) El Consejo de Gobierno, por mayoría de dos tercios de sus miembros.

c) El Presidente del Principado de Asturias.

d) La propia Junta General.

13. Señala la respuesta incorrecta respecto al momento en el que no se podrá acordar por Decreto la disolución de la Junta General del Principado de Asturias:

a) Durante el primer período de sesiones de la legislatura.

b) Si se encuentra en tramitación una cuestión de confianza.

c) Cuando reste menos de un año para la terminación de la legislatura.

d) Antes de que transcurra el plazo de un año desde la última disolución.

14. Por regla general, las elecciones convocadas por el Presidente del Principado de Asturias se celebran:

a) Siempre el cuarto domingo de mayo de cada cuatro años.

b) Una vez, al menos, cada cuatro años.

c) Dentro de los quince días siguientes a la convocatoria de elecciones.

d) El cuarto domingo de mayo del año siguiente a la disolución de la Cámara.

15. ¿Cuántos periodos de sesiones ordinarias anuales celebra la Junta General del Principado de Asturias?

a) Tres.

b) Cuatro.

c) Dos.

d) Uno.

16. ¿A quiénes de los siguientes no se les reconoce estatutariamente legitimación para solicitar la celebración de una sesión extraordinaria de la Junta General de Asturias?

a) Al Consejo de Gobierno.
b) Al Presidente del Principado de Asturias.
c) A la Diputación Permanente.
d) A la cuarta parte de sus miembros.

17. La Junta General del Principado funciona:

a) En Comisión permanente y en Comisión especial.
b) En Diputación permanente, especial y de Investigación.
c) En Pleno y en Diputación permanente o de investigación.
d) En Pleno y en Comisiones, sean permanentes o especiales.

18. Cuando la Junta General del Principado no esté reunida o hubiere expirado su mandato, su actividad se encomienda a:

a) La Mesa de la misma.
b) Su Consejo de Gobierno.
c) La Comisión Permanente.
d) La Diputación Permanente.

19. Transcurrido el plazo de dos meses a partir de la constitución de la Junta General del Principado de Asturias sin que ningún candidato a Presidente hubiera sido elegido:

a) Se nombrará provisionalmente al que haya obtenido más votos.
b) Se disolverá la Cámara y se convocarán nuevas elecciones.
c) Se celebrará nueva votación en el que se elegirá al que obtenga mayoría simple.
d) Se designará al miembro más antiguo de la Cámara.

20. No es función del Presidente del Principado de Asturias:

a) Ser Presidente del Consejo de Gobierno.
b) Ostentar la representación ordinaria del Estado en la Comunidad Autónoma.
c) Designar y separar a los consejeros.
d) Ejercitar la iniciativa legislativa.

En MADTEST tienes **más preguntas de este tema**, y todos tus avances quedan registrados y se reflejan en el ranking.

¡Supera tus límites con MADTEST!

Solución al test n.º 7

1. d) Del artículo 143 CE.

2. c) El himno de la Comunidad Autónoma del Principado de Asturias es la canción "Asturias, Patria querida".

3. d) Concejo.

4. c) Los ciudadanos españoles que tengan vecindad administrativa en el territorio de la Comunidad.

5. a) Decretos legislativos.

6. d) Dictar normas con rango de ley.

7. a) Su Consejo de Gobierno.

8. b) Ley de bases.

9. c) Ley ordinaria.

10. b) Al Consejo de Gobierno.

11. a) Entre 35 y 45.

12. c) El Presidente del Principado de Asturias.

13. b) Si se encuentra en tramitación una cuestión de confianza.

14. b) Una vez, al menos, cada cuatro años.

15. c) Dos.

16. b) Al Presidente del Principado de Asturias.

17. d) En Pleno y en Comisiones, sean permanentes o especiales.

18. d) La Diputación Permanente.

19. b) Se disolverá la Cámara y se convocarán nuevas elecciones.

20. d) Ejercitar la iniciativa legislativa.

TEST N.º 8

Ley 2/2011, de 11 de marzo, para la igualdad efectiva de mujeres y hombres y la erradicación de la violencia de género. Título Preliminar: objeto, ámbito de aplicación y conceptos; La integración del principio de igualdad entre mujeres y hombres en la salud (Artículo 20); Igualdad en el empleo público (Capítulo II-Título III)

1. ¿En qué artículo constitucional se proclama el derecho a la igualdad?

a) 1.
b) 14.
c) 23.
d) 43.

2. El objeto de la Ley 2/2011 lo constituye:

a) Remover los obstáculos para que la libertad y la igualdad del individuo y de los grupos en que se integra sean efectivas y reales.
b) Reforzar e impulsar la estrategia del enfoque integrado de género.
c) Garantizar la efectiva igualdad de derechos, trato y oportunidades entre mujeres y hombres.
d) Todas las anteriores.

3. La Ley promueve la presencia equilibrada de mujeres y hombres:

a) En el ámbito público exclusivamente.
b) En las relaciones sociales.
c) En los ámbitos tanto público como privado.
d) En las personas jurídicas y entidades siempre que cuenten con participación pública.

4. La Ley aboga por que el principio de igualdad de trato y de oportunidades se aplique de forma:

a) Solidaria.
b) Transversal.

c) Coordinada.
d) Empoderada.

5. La ausencia de toda discriminación por razón de sexo, y, especialmente, las derivadas de la maternidad, la asunción de obligaciones familiares y el estado civil es lo que se denomina

a) Discriminación directa.
b) Discriminación positiva.
c) Discriminación indirecta.
d) Igualdad de trato.

6. Se considera "acoso por razón de sexo":

a) La violencia como manifestación de la discriminación, la situación de desigualdad y las relaciones de poder de los hombres sobre las mujeres.
b) La discriminación, directa o indirecta, por razón de sexo, especialmente, derivada de la maternidad, la asunción de obligaciones familiares y el estado civil.
c) El comportamiento realizado en función del sexo de una persona, con el propósito de atentar contra su dignidad.
d) Cualquiera de las situaciones anteriores.

7. Se denomina "integración del principio de igualdad entre mujeres y hombres en la salud":

a) Al mantenimiento y mejora del nivel de salud de mujeres y hombres promoviendo la desaparición de las desigualdades de género en el campo de la salud.
b) Al derecho a la información referente al lugar de prestación de los servicios de atención, emergencia, apoyo y recuperación integral.
c) Al reconocimiento del derecho a la atención, emergencia, apoyo y acogida y recuperación integral de las mujeres víctimas de violencia de género.
d) A la defensa y representación gratuitas por abogado y procurador en todos los procesos y procedimientos administrativos que tengan causa directa o indirecta en la violencia padecida.

8. ¿Qué medidas prevé la Ley para la detección, atención y apoyo a las mujeres víctimas de violencia de género?

a) La asistencia de la Policía Judicial.
b) La Elaboración de protocolos de atención y coordinación.
c) La tipicidad de delitos en el ámbito preventivo.
d) La prestación de medidas de carácter económico.

9. Para garantizar la igualdad en el empleo público, se prevé legalmente que la Administración del Principado de Asturias:

a) Promueva la presencia equilibrada de mujeres y hombres en los órganos de selección y valoración.

b) Facilite la conciliación de la vida personal, familiar y laboral, con menoscabo de la promoción profesional.

c) Establezca medidas para potenciar cualquier discriminación retributiva, directa o indirecta, por razón de sexo.

d) Cualquiera de las anteriores.

10. ¿Qué órgano del Principado de Asturias corresponde la aprobación del Plan de Igualdad en la Administración?

a) A la persona titular de la Consejería competente en materia de políticas de Igualdad.

b) A la persona titular de la Consejería competente en materia de función pública.

c) Al Presidente del Principado de Asturias.

d) Al Consejo de Gobierno.

11. ¿Y quién se encarga de hacer la propuesta para su aprobación?

a) Unidad de Selección de Personal.

b) Subdirección de Evaluación y Planificación de Recursos Humanos.

c) Subdirección de Profesionales.

d) Oficina de Coordinación de Prevención de Riesgos Laborales y Salud Laboral.

12. ¿Y la evaluación de su cumplimiento?

a) El Instituto Asturiano de la Mujer.

b) La persona titular de la Consejería competente en materia de función pública.

c) La persona titular de la Consejería competente en materia de políticas de Igualdad.

d) Las personas a que se refieren las letras b y c, conjuntamente.

13. El eje "Cultura de la organización" del I Plan de Igualdad de la Administración del Principado de Asturias, contiene los objetivos a alcanzar para:

a) La visibilización de las desigualdades.

b) La presencia de la mujer en los centros de poder.

c) La implantación de sistemas de sistemas estratégicos transversales.

d) La integración del principio de igualdad.

14. La celebración de reuniones dentro del horario fijo de trabajo: de 9:00 a 14.00 horas es un objetivo recogido en el del I Plan de Igualdad de la Administración del Principado de Asturias dentro del eje dedicado a:

a) Los procesos de trabajo.

b) Las personas.

c) La cultura de la organización.
d) Ninguna es correcta.

15. La integración de la perspectiva de género en los procesos habituales de trabajo es un objetivo del I Plan de Igualdad recogido en el eje de:

a) Los procesos de trabajo.
b) La cultura de la organización.
c) Las medidas transversales.
d) Las personas.

16. ¿Cuál de los siguientes elementos puede ser causa de discriminación según el principio de igualdad de trato?

a) Nacionalidad.
b) Maternidad.
c) Nivel de estudios.
d) Lugar de residencia.

17. ¿Cuál es uno de los objetivos principales del Principado de Asturias en el ámbito de la salud?

a) Incrementar la inversión en tecnología sanitaria exclusivamente femenina.
b) Promover la desaparición de las desigualdades de género en la salud.
c) Garantizar atención médica solo para mujeres víctimas de violencia de género.
d) Priorizar enfermedades cardiovasculares en población masculina.

18. ¿Qué eje del I Plan de Igualdad se refiere a la integración del principio de igualdad en la cultura organizacional?

a) El eje de procesos de trabajo.
b) El eje de políticas públicas.
c) El eje de cultura de la organización.
d) El eje normativo.

19. ¿Qué herramienta se pondrá en marcha para facilitar la conciliación en el empleo público?

a) Reducción obligatoria de jornada para mujeres.
b) Un sistema de guarderías internas.
c) Una bolsa de horas para cubrir necesidades de conciliación.
d) Exención de guardias para el personal con hijos.

20. ¿Qué finalidad tiene el análisis de datos desagregados por sexo?

a) Reforzar las estadísticas nacionales exclusivamente.
b) Comprobar la eficiencia financiera de la Administración.
c) Conocer la situación diferenciada de mujeres y hombres.
d) Estudiar la natalidad y la fecundidad de la región.

En MADTEST tienes **más preguntas de este tema**, y todos tus avances quedan registrados y se reflejan en el ranking.

¡Supera tus límites con MADTEST!

Solución al test n.º 8

1. b) 14.

2. c) Garantizar la efectiva igualdad de derechos, trato y oportunidades entre mujeres y hombres.

3. c) En los ámbitos tanto público como privado.

4. b) Transversal.

5. d) Igualdad de trato.

6. c) El comportamiento realizado en función del sexo de una persona, con el propósito de atentar contra su dignidad.

7. a) Al mantenimiento y mejora del nivel de salud de mujeres y hombres promoviendo la desaparición de las desigualdades de género en el campo de la salud.

8. b) La Elaboración de protocolos de atención y coordinación.

9. a) Promueva la presencia equilibrada de mujeres y hombres en los órganos de selección y valoración.

10. d) Al Consejo de Gobierno.

11. d) Oficina de Coordinación de Prevención de Riesgos Laborales y Salud Laboral.

12. d) Las personas a que se refieren las letras b y c, conjuntamente.

13. d) La integración del principio de igualdad.

14. b) Las personas.

15. a) Los procesos de trabajo.

16. b) Maternidad.

17. b) Promover la desaparición de las desigualdades de género en la salud.

18. c) El eje de cultura de la organización.

19. c) Una bolsa de horas para cubrir necesidades de conciliación.

20. c) Conocer la situación diferenciada de mujeres y hombres.

PARTE ESPECÍFICA

TEST N.º 9

Ley Orgánica 3/2018, de 5 de diciembre, de Protección de Datos Personales y garantía de los derechos digitales: objeto, ámbito de aplicación y definiciones (Título I); Principios de la protección de datos (Título II). Derechos de las personas (Título III)

1. Es correcto, conforme a la disposición adicional 3ª de la LO 3/2018, que:

a) Cuando los plazos se señalen por días, se entiende que estos son naturales.

b) Si el plazo se fija en semanas, concluirá el día anterior al día de la semana en que se produjo el hecho que determina su iniciación en la semana de vencimiento.

c) Si el plazo se fija en años, concluirá el mismo día en que se produjo el hecho que determina su iniciación en el año de vencimiento.

d) Cuando el último día del plazo sea inhábil, se entenderá adelantado al último día hábil anterior.

2. ¿Qué título de la LO 3/2018, de 5 de diciembre, de Protección de Datos Personales y garantía de los derechos digitales, se refiere a los principios de la protección de datos?

a) Título I.
b) Título II.
c) Título III.
d) Título IV.

3. Según el artículo 3 de la LO 3/2018, los requisitos y condiciones para acreditar la validez y vigencia de los mandatos e instrucciones de las personas fallecidas respecto al acceso a los datos personales de éstas por parte de las personas o instituciones que designaran expresamente, serán establecidos:

a) Por medio de una Directiva europea.
b) Por Ley estatal.
c) Por Ley autonómica.
d) Por Real Decreto.

4. El artículo 4 de la LO 3/2018 señala que, conforme al artículo 5.1.d) del Reglamento (UE) 2016/679, los datos serán exactos y, si fuere necesario:

a) Actualizados.
b) Aproximados.
c) Normalizados.
d) Digitalizados.

5. Conforme al artículo 5.1 de la LO 3/2018, estarán sujetas al deber de confidencialidad:

a) Únicamente los responsables del tratamiento.
b) Los responsables y encargados del tratamiento.
c) Los responsables y encargados del tratamiento de datos así como todas las personas que intervengan en cualquier fase de este.
d) Los responsables y encargados del tratamiento de datos así como todas las personas que intervengan en todas las fases de este.

6. Conforme a los artículos 4.11 del RGPD y 6.1 de la LO 3/2018, se entiende por consentimiento del afectado la aceptación, ya sea mediante una declaración o una clara acción afirmativa, del tratamiento de datos personales que le conciernen manifestada por voluntad libre, de forma específica, informada e/y:

a) Detallada.
b) Unitaria.
c) Inequívoca.
d) Por escrito.

7. Cuando se pretenda fundar el tratamiento de los datos en el consentimiento del afectado para una pluralidad de finalidades:

a) Será preciso que conste de manera específica e inequívoca que dicho consentimiento se otorga para todas ellas.
b) Será necesario demostrar que el afectado consintió expresamente e inequívocamente en alguna de las finalidades y, que el resto de finalidades están claramente relacionadas con aquella.
c) El responsable debe demostrar la adecuación de las distintas finalidades a un único objeto.
d) El consentimiento del afectado sólo puede afectar a una finalidad. Cada finalidad precisa un consentimiento propio e independiente.

8. Conforme al principio de limitación de la finalidad, los datos personales serán recogidos con fines determinados, explícitos y:

a) Limitados.
b) Transparentes.

c) Compatibles.
d) Legítimos.

9. Según el artículo 8.1 de la LO 3/2018, el tratamiento de datos personales solo podrá considerarse fundado en el cumplimiento de una obligación legal exigible al responsable:

a) Cuando así lo prevea una norma de Derecho de la Unión Europea o una norma con rango de ley.
b) Cuando el tratamiento se considere una misión realizada en interés público.
c) Cuando se trate del ejercicio de poderes públicos conferidos al responsable.
d) Cuando el responsable sea un órgano u organismo público.

10. Conforme al artículo 9 de la LO 3/2018, de 5 de diciembre, de Protección de Datos Personales y garantía de los derechos digitales, cuál de los siguientes trata-mientos de categorías especiales de datos fundados en el Derecho español deberá estar amparado en una norma con rango de ley:

a) Tratamiento necesario con fines de archivo en interés público, fines de investiga-ción científica o histórica.
b) Tratamiento efectuado, en el ámbito de sus actividades legítimas y con las debidas garantías, por una fundación, una asociación o cualquier otro organismo sin ánimo de lucro, cuya finalidad sea política, filosófica, religiosa o sindical, siempre que el tratamiento se refiera exclusivamente a los miembros actuales o antiguos de tales organismos o a per-sonas que mantengan contactos regulares con ellos en relación con sus fines y siempre que los datos personales no se comuniquen fuera de ellos sin el consentimiento de los interesados.
c) Tratamiento necesario para fines de medicina preventiva o laboral, evaluación de la capacidad laboral del trabajador, diagnóstico médico, prestación de asistencia o tra-tamiento de tipo sanitario o social, o gestión de los sistemas y servicios de asistencia sanitaria y social.
d) Tratamiento referido a datos personales que el interesado ha hecho manifiesta-mente públicos.

11. Uno de los objetos de la Ley Orgánica 3/2018, de 5 de diciembre, de Protec-ción de Datos Personales y garantía de los derechos digitales, es:

a) Adaptar el ordenamiento jurídico español al Reglamento General de Protección de Datos y completar sus disposiciones.
b) Establecer las normas relativas a la protección de las personas físicas en lo que res-pecta al tratamiento de los datos personales y las normas relativas a la libre circulación de tales datos.
c) Adaptar el Reglamento General de Protección de Datos al ordenamiento jurídico español y completar sus disposiciones.
d) Garantizar la seguridad de la transferencia de datos entre países de la Unión Europea.

12. La LO 3/2018, de 5 de diciembre, de Protección de Datos Personales y garantía de los derechos digitales, tiene por objeto garantizar los derechos digitales de la ciudadanía conforme al mandato del artículo de la Constitución:

a) 9.2.
b) 10.1.
c) 18.4.
d) 20.4.

13. Señala la opción incorrecta. Conforme al artículo 11.3 de la LO 3/2018, la información básica que el responsable del tratamiento ha de facilitar al afectado, cuando los datos personales se hayan obtenido de éste, debe contener obligatoriamente:

a) La finalidad del tratamiento.
b) La identidad del responsable del tratamiento y de su representante, en su caso.
c) La posibilidad de ejercer los derechos establecidos en los artículos 15 a 22 del RGPD.
d) Las categorías de datos objeto de tratamiento.

14. Según el artículo 7.1 de la LO 3/2018, el tratamiento de los datos personales de un menor de edad únicamente podrá fundarse en su consentimiento cuando sea mayor de:

a) 12 años.
b) 13 años.
c) 14 años.
d) 16 años.

15. El derecho a la portabilidad de los datos:

a) Se podrá aplicar a los tratamientos que sean necesario para el cumplimiento de una misión realizada en interés público o en el ejercicio de poderes públicos conferidos al responsable del tratamiento.
b) A diferencia de otros derechos, podrá afectar negativamente a los derechos y libertades de otros.
c) Supone la obligación de que, en todo caso, los datos personales se transmitan directamente de responsable a responsable.
d) Requiere que el tratamiento se efectúe por medios automatizados.

16. Conforme al artículo 12 de la LO 3/2018, los derechos reconocidos en los artículos 15 a 22 del RGPD:

a) Sólo podrán ser ejercidos directamente por el afectado.
b) Deberán ejercerse bien directamente por el afectado o por representante legal.
c) Deberán ejercerse bien directamente por el afectado o por representante voluntario.
d) Podrán ejercerse directamente o por medio de representante legal o voluntario.

17. Según el artículo 12.4 de la LO 3/2018, la prueba del cumplimiento del deber de responder a la solicitud de ejercicio de sus derechos formulado por el afectado recaerá:

a) Sobre el responsable del tratamiento.
b) Sobre el encargado del tratamiento.
c) Bien sobre el responsable o bien sobre el encargado.
d) Sobre el representante legal del afectado.

18. En virtud del artículo 12 de la LO 3/2018 es cierto, en relación a los medios para que el afectado pueda ejercer sus derechos, que:

a) El encargado del tratamiento estará obligado a informar al afectado sobre los medios a su disposición para ejercer los derechos que le corresponden.
b) Los medios deberán ser consensuados con los afectados antes de poner en marcha el tratamiento.
c) Los medios deberán ser fácilmente accesibles para el afectado.
d) El ejercicio del derecho podrá ser denegado cuando el afectado opte por otro medio.

19. Señala la opción incorrecta. El artículo 15 del RGPD dispone que el interesado tendrá derecho a obtener del responsable del tratamiento confirmación de si se están tratando o no datos personales que le conciernen y, en tal caso, derecho de acceso a los datos personales y a información sobre la existencia de decisiones automatizadas, incluida la elaboración de perfiles, y, al menos en tales casos, información significativa sobre:

a) Los demás interesados afectados por las decisiones.
b) La lógica aplicada.
c) La importancia del tratamiento.
d) Las consecuencias previstas de dicho tratamiento.

20. Conforme al artículo 16 del RGPD, teniendo en cuenta los fines del tratamiento, el interesado tendrá derecho a que se completen los datos personales que sean incompletos, inclusive mediante:

a) Levantamiento de acta.
b) Certificación de modificación.
c) Una declaración adicional.
d) Elaboración de anexos.

En MADTEST tienes **más preguntas de este tema,** y todos tus avances quedan registrados y se reflejan en el ranking.

¡Supera tus límites con MADTEST!

Solución al test n.º 9

1. c) Si el plazo se fija en años, concluirá el mismo día en que se produjo el hecho que determina su iniciación en el año de vencimiento.

2. b) Título II.

3. d) Por Real Decreto.

4. a) Actualizados.

5. c) Los responsables y encargados del tratamiento de datos así como todas las personas que intervengan en cualquier fase de este.

6. c) Inequívoca.

7. a) Será preciso que conste de manera específica e inequívoca que dicho consentimiento se otorga para todas ellas.

8. d) Legítimos.

9. a) Cuando así lo prevea una norma de Derecho de la Unión Europea o una norma con rango de ley.

10. c) Tratamiento necesario para fines de medicina preventiva o laboral, evaluación de la capacidad laboral del trabajador, diagnóstico médico, prestación de asistencia o tratamiento de tipo sanitario o social, o gestión de los sistemas y servicios de asistencia sanitaria y social.

11. a) Adaptar el ordenamiento jurídico español al Reglamento General de Protección de Datos y completar sus disposiciones.

12. c) 18.4.

13. d) Las categorías de datos objeto de tratamiento.

14. c) 14 años.

15. d) Requiere que el tratamiento se efectúe por medios automatizados.

16. d) Podrán ejercerse directamente o por medio de representante legal o voluntario.

17. a) Sobre el responsable del tratamiento.

18. c) Los medios deberán ser fácilmente accesibles para el afectado.

19. a) Los demás interesados afectados por las decisiones.

20. c) Una declaración adicional.

TEST N.º 10

Ley Orgánica 3/2018, de 5 de diciembre, de Protección de Datos Personales y garantía de los derechos digitales: Autoridades de protección de datos. La Agencia Española de Protección de Datos (Título VII, Capítulo I)

1. El RGPD denomina a la autoridad pública independiente establecida por un Estado miembro:

a) Agencia Nacional de Protección de Datos.
b) Representante.
c) Autoridad de control.
d) Autoridad de referencia.

2. Conforme a lo previsto en el artículo 44.2 de la Ley Orgánica 3/2018, de 5 de diciembre, de Protección de Datos Personales y garantía de los derechos digitales, la autoridad de protección de datos que representa al Reino de España en el Comité Europeo de Protección de Datos es:

a) La Autoridad Española de Protección de Datos.
b) La Agencia Española de Protección de Datos.
c) El Consejo Estatal de Protección de Datos.
d) La Oficina Estatal de Protección de Datos.

3. La Agencia Española de Protección de Datos:

a) Es un ente de derecho privado.
b) Actúa con sujeción a las instrucciones del Ministro de Justicia.
c) Tiene personalidad jurídica propia.
d) Tiene plena capacidad pública, pero no privada.

4. Señalar la opción incorrecta. La Agencia Española de Protección de Datos:

a) Tendrá la condición de representante común de las autoridades de protección de datos en el Comité Europeo de Protección de Datos.
b) Vigilará el correcto ejercicio de las funciones de las autoridades de control de cada Comunidad Autónoma.

c) Informará a las autoridades autonómicas de protección de datos acerca de las decisiones adoptadas en el Comité Europeo de Protección de Datos.

d) Recabará de las autoridades autonómicas de protección de datos su parecer cuando se trate de materias de su competencia.

5. En relación a la inspección en materia de protección de datos, es cierto que:

a) Los funcionarios que desarrollen actividades de investigación tendrán la consideración de agentes de la autoridad en el ejercicio de sus funciones, y estarán obligados a guardar secreto sobre las informaciones que conozcan con ocasión de dicho ejercicio, incluso después de haber cesado en él.

b) La actividad de investigación de la Agencia Española de Protección de Datos se llevará a cabo necesariamente por los funcionarios de la Agencia.

c) En los casos de actuaciones conjuntas de investigación conforme a lo dispuesto en el artículo 62 del Reglamento (UE) 2016/679, el personal de las autoridades de control de otros Estados Miembros de Unión Europea que colabore con la Agencia ejercerá sus facultades con arreglo a lo previsto en su normativa propia, sin injerencia alguna por parte del personal de ésta.

d) En ningún caso los poderes de investigación podrán suponer la entrada en domicilios particulares.

6. Conforme al artículo 58.2 del RGPD, cada autoridad de control dispondrá del siguiente poder correctivo:

a) Sancionar a todo responsable o encargado del tratamiento con apercibimiento cuando las operaciones de tratamiento previstas puedan infringir lo dispuesto en el RGPD.

b) Imponer una limitación temporal o definitiva del tratamiento, siempre que no sea su prohibición.

c) Ordenar la suspensión de los flujos de datos hacia un destinatario situado en un tercer país o hacia una organización internacional.

d) Sancionar a todo responsable o encargado del tratamiento con una advertencia cuando las operaciones de tratamiento hayan infringido lo dispuesto en el RGPD.

7. En relación a las autoridades de control, es cierto que:

a) Los Estados miembros dispondrán que cada miembro de sus autoridades de control sea nombrado por su Parlamento.

b) Cada Estado miembro garantizará que cada autoridad de control disponga de un presupuesto anual, público e independiente que forme parte del presupuesto general del Estado.

c) El miembro o los miembros de cada autoridad de control se abstendrán de cualquier acción que sea incompatible con sus funciones y no participarán, mientras dure su mandato, en ninguna actividad profesional que sea incompatible, a menos que no sea remunerada.

d) Cada Estado miembro garantizará que cada autoridad de control esté sujeta a un control financiero que no afecte a su independencia.

8. Cuál es la denominación oficial de la Agencia Española de Protección de Datos:

a) Organismo Autónomo Agencia Española de Protección de Datos.
b) Agencia Española de Protección de Datos, Entidad Pública Estatal.
c) Agencia Española de Protección de Datos, Autoridad Administrativa Independiente.
d) Entidad Estatal Independiente Agencia Española de Protección de Datos.

9. Previa solicitud, la Agencia Española de Protección de Datos facilitará información a cualquier interesado en relación con el ejercicio de sus derechos en virtud del RGPD. Cuando las solicitudes sean manifiestamente infundadas o excesivas, especialmente debido a su carácter repetitivo, la autoridad de control:

a) Se negará a actuar respecto de la solicitud.
b) Deberá imponer una tasa equivalente al incremento del coste.
c) Solicitará al órgano competente del Ministerio de Justicia la declaración de carácter manifiestamente infundado o excesivo.
d) Podrá establecer una tasa razonable basada en los costes administrativos o negarse a actuar respecto de la solicitud.

10. Conforme al artículo 58.1 del RGPD, la Agencia Española de Protección de Datos, como autoridad de control, dispondrá en su territorio del siguiente poder de investigación:

a) Aprobar proyectos de códigos de conducta.
b) Acreditar organismos de certificación.
c) Notificar al responsable o al encargado del tratamiento las presuntas infracciones del RGPD.
d) Ordenar al responsable del tratamiento que comunique al interesado las violaciones de la seguridad de los datos personales.

11. Conforme al artículo 52 de la LO 3/2018, estarán obligados a proporcionar a la Agencia Española de Protección de Datos los datos, informes, antecedentes y justificantes necesarios para llevar a cabo su actividad de investigación:

a) Únicamente las Administraciones Públicas, incluidas las tributarias y de la Seguridad Social.
b) Únicamente los particulares.
c) Los particulares y las Administraciones Públicas, con excepción de las tributarias y de la Seguridad Social.
d) Las Administraciones Públicas, incluidas las tributarias y de la Seguridad Social, y los particulares.

12. Cuando las operaciones de tratamiento hayan infringido lo dispuesto en el RGPD, la autoridad de control podrá dirigir a todo responsable o encargado del tratamiento un/una:

a) Apercibimiento.
b) Advertencia.
c) Aviso.
d) Amonestación.

13. Conforme al artículo 58.3 del RGPD, la autoridad de control podrá asesorar al responsable del tratamiento conforme al procedimiento de:

a) Consulta previa.
b) Informe facultativo.
c) Informe preceptivo.
d) Dictamen acreditativo.

14. Conforme al artículo 55 de la LO 3/2018, la Presidencia de la Agencia Española de Protección de Datos podrá dictar disposiciones que fijen los criterios a que responderá la actuación de esta autoridad en la aplicación de lo dispuesto en el Reglamento (UE) 2016/679 y en la ley orgánica, que se denominarán:

a) Edictos de la Agencia Española de Protección de Datos.
b) Circulares de la Agencia Española de Protección de Datos.
c) Órdenes de la Agencia Española de Protección de Datos.
d) Resoluciones de la Agencia Española de Protección de Datos.

15. Sustituirá y auxiliará en el ejercicio de sus funciones a la Presidencia de la Agencia Española:

a) Un Vicepresidente.
b) Un Adjunto.
c) Un Delegado.
d) Un Director.

16. Corresponde a la Presidencia de la Agencia Española de Protección de Datos autorizar las modificaciones presupuestarias que impliquen:

a) Hasta un tres por ciento de la cifra inicial de su presupuesto total de gastos, siempre que no se incrementen los créditos para gastos de personal.
b) Hasta un tres por ciento de la cifra inicial de su presupuesto total de gastos, incluso si incrementan los créditos para gastos de personal.
c) Hasta un cinco por ciento de la cifra inicial de su presupuesto total de gastos, siempre que no se incrementen los créditos para gastos de personal.
d) Hasta un cinco por ciento de la cifra inicial de su presupuesto total de gastos, incluso si incrementan los créditos para gastos de personal.

17. La Presidencia de la Agencia Española de Protección de Datos será nombrada por:

a) Las Cortes Generales
b) El Gobierno.
c) El Ministro de Justicia.
d) El Comité Europeo de Protección de Datos.

18. El mandato de la Presidencia y del Adjunto de la Agencia Española de Protección de Datos tiene una duración de:

a) 3 años; renovable para otro período de igual duración.
b) 4 años; renovable para otro período de igual duración.
c) 5 años; renovable para otro período de igual duración.
d) 7 años; renovable para otro período de igual duración.

19. Cuántos diputados, propuestos por el Congreso de los Diputados, hay en el Consejo Consultivo de la Agencia Española de Protección de Datos:

a) 1 Diputado.
b) 2 Diputados.
c) 3 Diputados.
d) 4 Diputados.

20. Cuántos expertos hay en el Consejo Consultivo de la Agencia Española de Protección de Datos a propuesta de las Organizaciones Empresariales:

a) 1.
b) 2.
c) 3.
d) 4.

En MADTEST tienes **más preguntas de este tema**, y todos tus avances quedan registrados y se reflejan en el ranking.

¡Supera tus límites con MADTEST!

Solución al test n.º 10

1. c) Autoridad de control.

2. b) La Agencia Española de Protección de Datos.

3. c) Tiene personalidad jurídica propia.

4. b) Vigilará el correcto ejercicio de las funciones de las autoridades de control de cada Comunidad Autónoma.

5. a) Los funcionarios que desarrollen actividades de investigación tendrán la consideración de agentes de la autoridad en el ejercicio de sus funciones, y estarán obligados a guardar secreto sobre las informaciones que conozcan con ocasión de dicho ejercicio, incluso después de haber cesado en él.

6. c) Ordenar la suspensión de los flujos de datos hacia un destinatario situado en un tercer país o hacia una organización internacional.

7. d) Cada Estado miembro garantizará que cada autoridad de control esté sujeta a un control financiero que no afecte a su independencia.

8. c) Agencia Española de Protección de Datos, Autoridad Administrativa Independiente.

9. d) Podrá establecer una tasa razonable basada en los costes administrativos o negarse a actuar respecto de la solicitud.

10. c) Notificar al responsable o al encargado del tratamiento las presuntas infracciones del RGPD.

11. d) Las Administraciones Públicas, incluidas las tributarias y de la Seguridad Social, y los particulares.

12. a) Apercibimiento.

13. a) Consulta previa.

14. b) Circulares de la Agencia Española de Protección de Datos.

15. b) Un Adjunto.

16. a) Hasta un tres por ciento de la cifra inicial de su presupuesto total de gastos, siempre que no se incrementen los créditos para gastos de personal.

17. b) El Gobierno.

18. c) 5 años; renovable para otro período de igual duración.

19. a) 1 Diputado.

20. b) 2.

TEST N.º 11-12

La Ley 41/2002, de 14 de noviembre, básica reguladora de la autonomía del paciente y derechos y obligaciones en materia de información y documentación clínica. Principios generales (Capítulo I). El derecho de información sanitaria (Capítulo II)

La Ley 41/2002, de 14 de noviembre, básica reguladora de la autonomía del paciente y derechos y obligaciones en materia de información y documentación clínica. El derecho a la intimidad (Capítulo III); El respeto de la autonomía del paciente (Capítulo IV); La historia clínica (Capítulo V); Informe de alta y otra documentación clínica (Capítulo VI)

1. Qué principio se vulneraría si se omite información al paciente sin justificación:

a) El principio de autonomía del paciente.
b) El principio de eficiencia asistencial.
c) El principio de confidencialidad.
d) El principio de beneficencia médica.

2. Quién puede otorgar el consentimiento informado si el paciente no tiene capacidad para decidir:

a) Cualquier familiar directo.
b) El médico responsable sin necesidad de consulta.
c) Su representante legal debidamente acreditado.
d) El personal administrativo del centro.

3. Cuándo puede un paciente rechazar recibir información médica:

a) Cuando manifieste su voluntad de no ser informado.
b) Solo si lo autoriza su médico de cabecera.

c) Si lo comunica por escrito al centro en presencia de testigos.
d) Nunca, la información médica siempre es obligatoria.

4. Qué requisito debe cumplir un documento de consentimiento informado para ser válido:

a) Debe estar escrito a mano por el médico responsable.
b) Debe ser validado por un juez.
c) Debe estar firmado voluntariamente por el paciente tras recibir información suficiente.
d) Solo es necesario en intervenciones quirúrgicas complejas.

5. Qué se considera un documento de voluntades anticipadas:

a) El alta hospitalaria voluntaria.
b) La solicitud de cita para consulta externa.
c) Aquel en el que el paciente expresa su voluntad sobre tratamientos futuros.
d) El informe de intervención quirúrgica.

6. Cuál es el objetivo del consentimiento informado:

a) Asegurar la firma de un documento ante testigos.
b) Cumplir con los requisitos administrativos del hospital.
c) Proteger al profesional sanitario en caso de errores.
d) Garantizar que el paciente toma decisiones con conocimiento sobre su tratamiento.

7. Qué debe hacer el centro sanitario si un paciente solicita ver su historia clínica:

a) Pedir autorización judicial para el acceso.
b) Facilitar el acceso a la documentación en un plazo razonable.
c) Remitirlo al Ministerio de Sanidad.
d) Negarse por motivos de confidencialidad.

8. Cuál es el objetivo principal de las instrucciones previas:

a) Delegar decisiones clínicas al equipo médico.
b) Evitar firmar el consentimiento informado.
c) Registrar preferencias administrativas del paciente.
d) Permitir al paciente decidir sobre su atención futura si pierde la capacidad de decidir.

9. Qué elemento no puede faltar en una historia clínica:

a) El número de habitación durante el ingreso.
b) La nacionalidad del paciente.
c) La firma del celador de guardia.
d) La evolución clínica y el tratamiento aplicado.

10. Qué derecho tiene el paciente respecto a los informes clínicos:

a) A modificar libremente su contenido.
b) A no permitir que se registren intervenciones.
c) A ocultar diagnósticos de importancia médica.
d) A recibir un informe de alta tras su paso por el centro.

11. Qué profesional puede acceder a la historia clínica sin autorización del paciente:

a) Los profesionales sanitarios directamente implicados en su diagnóstico o tratamiento.
b) Cualquier médico del centro aunque no lo trate.
c) El personal administrativo sin justificación.
d) Los investigadores siempre que lo soliciten.

12. Cuál de los siguientes documentos es parte de la documentación clínica:

a) La factura del hospital.
b) La hoja de dietas del comedor.
c) El consentimiento informado firmado por el paciente.
d) El protocolo interno de limpieza.

13. En qué situación se puede emitir un alta médica forzosa:

a) Cuando el paciente se niega a pagar por el tratamiento.
b) Cuando no hay criterios clínicos que justifiquen la permanencia y el paciente no acepta el alta.
c) Cuando no firma el consentimiento informado.
d) Cuando lo solicita un familiar sin autorización del paciente.

14. El acceso a la historia clínica por parte del paciente:

a) Está prohibido salvo por orden judicial.
b) Debe facilitarse respetando los límites de confidencialidad y la legislación vigente.
c) Solo es posible si el médico lo autoriza expresamente.
d) Depende de la política interna del centro.

15. Cuál de las siguientes situaciones representa una vulneración del derecho a la intimidad del paciente:

a) Anotar en la historia clínica los antecedentes familiares.
b) Comentar su diagnóstico en voz alta en una sala compartida.
c) Solicitar información médica en la consulta.
d) Entregar el informe médico al propio paciente.

16. Qué sucede si un paciente no desea ser informado:

a) Se ignora su decisión si la información es relevante.
b) Se debe imponer la información por razones de salud pública.
c) Su voluntad debe respetarse, dejando constancia en la historia clínica.
d) Solo es válida si lo autoriza un familiar.

17. Cuál de las siguientes afirmaciones sobre la documentación clínica es correcta:

a) No puede ser consultada después del alta.
b) Forma parte del conjunto de registros necesarios para la atención sanitaria.
c) Solo incluye diagnósticos y tratamientos.
d) Debe ser destruida pasados cinco años.

18. Qué es el consentimiento informado:

a) Una orden médica de obligado cumplimiento.
b) Un proceso de comunicación entre profesional y paciente.
c) Un documento genérico que firma el paciente al ingresar.
d) Una obligación legal exclusiva del médico.

19. Cuándo puede revocarse un consentimiento informado:

a) En cualquier momento por el propio paciente.
b) Solo antes del inicio del tratamiento.
c) Si el médico considera que ya no es necesario.
d) Nunca, una vez firmado es irreversible.

20. Qué finalidad tiene el documento de instrucciones previas:

a) Evitar la intervención de los profesionales en decisiones clínicas.
b) Transferir la responsabilidad de decisión a familiares.
c) Manifestar anticipadamente la voluntad del paciente.
d) Solicitar tratamientos alternativos durante un ingreso.

En MADTEST tienes **más preguntas de este tema**, y todos tus avances quedan registrados y se reflejan en el ranking.

¡Supera tus límites con MADTEST!

Solución al test n.º 11-12

1. a) El principio de autonomía del paciente.

2. c) Su representante legal debidamente acreditado.

3. a) Cuando manifieste su voluntad de no ser informado.

4. c) Debe estar firmado voluntariamente por el paciente tras recibir información suficiente.

5. c) Aquel en el que el paciente expresa su voluntad sobre tratamientos futuros.

6. d) Garantizar que el paciente toma decisiones con conocimiento sobre su tratamiento.

7. b) Facilitar el acceso a la documentación en un plazo razonable.

8. d) Permitir al paciente decidir sobre su atención futura si pierde la capacidad de decidir.

9. d) La evolución clínica y el tratamiento aplicado.

10. d) A recibir un informe de alta tras su paso por el centro.

11. a) Los profesionales sanitarios directamente implicados en su diagnóstico o tratamiento.

12. c) El consentimiento informado firmado por el paciente.

13. b) Cuando no hay criterios clínicos que justifiquen la permanencia y el paciente no acepta el alta.

14. b) Debe facilitarse respetando los límites de confidencialidad y la legislación vigente.

15. b) Comentar su diagnóstico en voz alta en una sala compartida.

16. c) Su voluntad debe respetarse, dejando constancia en la historia clínica.

17. b) Forma parte del conjunto de registros necesarios para la atención sanitaria.

18. b) Un proceso de comunicación entre profesional y paciente.

19. a) En cualquier momento por el propio paciente.

20. c) Manifestar anticipadamente la voluntad del paciente.

La Ley 39/2015, de 1 de octubre, del Procedimiento Administrativo Común de las Administraciones Públicas: De la actividad de las Administraciones Públicas (Título II)

La Ley 39/2015, de 1 de octubre, del Procedimiento Administrativo Común de las Administraciones Públicas: De los actos administrativos (Título III)

1. El acto administrativo está sujeto al principio de legalidad:

a) Siempre.
b) Cuando se trate de actos reglados.
c) Según los casos.
d) No necesariamente.

2. Cuando la Administración Pública actúa como persona de Derecho Privado:

a) Solo puede ser controlada por los Tribunales contencioso-administrativos.
b) No dicta actos administrativos.
c) Su actividad es puramente discrecional.
d) Puede actuar sin límite alguno, como cualquier particular.

3. Un acto complejo es aquel:

a) En el que intervienen, sucesivamente, en virtud de la tutela administrativa, dos órganos administrativos.
b) Que se adopta por un órgano colegiado.
c) En cuyo proceso de elaboración se ha evacuado el dictamen de un órgano consultivo.
d) En cuya emisión de voluntad han de intervenir, como mínimo, dos órganos administrativos.

4. El interés público convierte a los actos administrativos en:

a) Susceptibles de impugnación directa.
b) Reglados, en parte.
c) Discrecionales.
d) Nada de lo anterior.

5. El contenido eventual del acto supone:

a) Que éste puede estar condicionado.
b) Que se presume en todos los actos del mismo tipo.
c) Que es connatural con el acto de que se trate.
d) Su carácter reglado.

6. Un acto general debe:

a) Publicarse.
b) Notificarse a los interesados.
c) Tener un contenido normativo.
d) Elaborarse por un órgano colegiado.

7. La compulsión sobre las personas:

a) Deriva de la propia esencia del acto administrativo.
b) Deriva del principio de ejecutividad de los actos administrativos.
c) Deriva de la posibilidad en manos de la Administración Pública de ejecutar forzosamente algunos actos administrativos.
d) Es similar al lanzamiento administrativo.

8. El acto que da fin a un expediente administrativo es un/una:

a) Propuesta.
b) Acto definitivo.
c) Informe con propuesta de resolución.
d) Acto trámite.

9. Un ejemplo de acto de trámite es un/una:

a) Decisión con que concluye el procedimiento.
b) Renuncia.
c) Informe emitido en un procedimiento.
d) Ninguno de ellos lo es.

10. Las competencias administrativas hacen referencia a/al/a las:

a) Ente administrativo de que se trate.
b) Atribuciones que por Ley se conceden a una Administración Pública.

c) Atribuciones que se otorgan a un órgano administrativo.
d) Nada de lo anterior.

11. El contenido de un acto administrativo ha de ser:

a) Ilícito y determinado.
b) Posible y lícito.
c) Determinado o determinable e ilícito.
d) Imposible y lícito.

12. Las cláusulas accesorias de un acto administrativo forman parte del contenido:

a) Natural del acto.
b) Implícito del mismo.
c) Legal del acto.
d) Eventual del acto.

13. Cuando algo necesariamente forma parte de un acto, hablamos de contenido:

a) Natural.
b) Legal.
c) Eventual.
d) Implícito.

14. Los actos deben motivarse:

a) Siempre.
b) Nunca.
c) Cuando decidan un procedimiento.
d) Cuando la Ley lo prescriba.

15. No tienen por qué motivarse los actos que:

a) Resuelvan recursos.
b) Limiten derechos subjetivos.
c) Se separen del dictamen de órganos consultivos.
d) Todos los anteriores deben motivarse.

16. En la notificación de todo acto administrativo no es necesario que conste siempre:

a) Su texto íntegro.
b) Los recursos que contra el mismo procedan.
c) Los motivos en que se basa la decisión.
d) El plazo de interposición de los recursos.

17. ¿En qué supuestos la notificación se hará por medio de un anuncio publicado en el Boletín Oficial del Estado?

a) Cuando se ignore el lugar de la notificación.
b) Cuando los interesados en un procedimiento sean conocidos.
c) Cuando intentada la notificación, no se hubiera podido practicar.
d) Las respuestas a) y c) son correctas.

18. A tenor del artículo 41 LPACAP, las notificaciones se practicarán preferentemente:

a) Por la vía postal.
b) Telefónicamente.
c) Por medios electrónicos.
d) Por el medio más rápido y económico para la Administración.

19. Las resoluciones administrativas que vulneren lo establecido en una disposición reglamentaria son:

a) Nulas.
b) Válidas.
c) Anulables.
d) Temporalmente válidas.

20. Para que un acto tenga eficacia retroactiva es necesario que:

a) Limite derechos de los particulares.
b) Restrinja el ejercicio de facultades de los particulares.
c) Imponga deberes u obligaciones.
d) No se lesionen derechos de otras personas.

En MADTEST tienes **más preguntas de este tema**, y todos tus avances quedan registrados y se reflejan en el ranking.

¡Supera tus límites con MADTEST!

Solución al test n.º 13-14

1. a) Siempre.

2. b) No dicta actos administrativos.

3. d) En cuya emisión de voluntad han de intervenir, como mínimo, dos órganos administrativos.

4. b) Reglados, en parte.

5. a) Que éste puede estar condicionado.

6. a) Publicarse.

7. c) Deriva de la posibilidad en manos de la Administración Pública de ejecutar forzosamente algunos actos administrativos.

8. b) Acto definitivo.

9. c) Informe emitido en un procedimiento.

10. c) Atribuciones que se otorgan a un órgano administrativo.

11. b) Posible y lícito.

12. d) Eventual del acto.

13. a) Natural.

14. d) Cuando la Ley lo prescriba.

15. d) Todos los anteriores deben motivarse.

16. c) Los motivos en que se basa la decisión.

17. d) Las respuestas a) y c) son correctas.

18. c) Por medios electrónicos.

19. a) Nulas.

20. d) No se lesionen derechos de otras personas.

TEST N.º 15-16

La Ley 40/2015, de 1 de octubre, de Régimen Jurídico del Sector Público: Disposiciones Generales (Capítulo I, Título Preliminar)

La Ley 40/2015, de 1 de octubre, de Régimen Jurídico del Sector Público: De los órganos de las Administraciones Públicas (Capítulo II, Título Preliminar). Funcionamiento electrónico del Sector Público (Capítulo V, Título Preliminar)

1. Según el artículo 3 de la Ley 40/2015; uno de los principios de acuerdo con los que actúa la Administración Pública es el de *Buena fe, confianza legítima y* **(completa la frase):**

a) Lealtad institucional.
b) Proximidad a los ciudadanos.
c) Servicio efectivo a los ciudadanos.
d) Responsabilidad.

2. Según el artículo 3 de la Ley 40/2015; uno de los principios de acuerdo con los que actúa la Administración Pública es el de *Simplicidad, claridad y* .... **(completa la frase):**

a) Economía.
b) Eficacia.
c) Proximidad a los ciudadanos.
d) Racionalización.

3. Según el artículo 3 de la Ley 40/2015; uno de los principios de acuerdo con los que actúa la Administración Pública es el de *Participación, objetividad y* **(completa la frase):**

a) Transparencia de la actuación administrativa.
b) Evaluación de los resultados.

c) Adecuación estricta de los medios a los fines institucionales.
d) Colaboración.

4. Según el artículo 3 de la Ley 40/2015; uno de los principios de acuerdo con los que actúa la Administración Pública es el de Racionalización y agilidad de los procedimientos administrativos y de... (completa la frase):

a) Las políticas públicas.
b) Las actividades materiales de gestión.
c) Las asignaciones de los recursos públicos.
d) La evaluación de los resultados de las políticas públicas.

5. Las Administraciones Públicas sirven con objetividad:

a) Los intereses generales.
b) Las políticas del Gobierno.
c) Los valores superiores.
d) Los derechos y deberes fundamentales.

6. Las Administraciones Públicas actúan con sometimiento pleno a la Constitución, a la Ley y a:

a) Los Tratados Internacionales.
b) Los Derechos Humanos.
c) El Rey.
d) El Derecho.

7. De los siguientes, ¿cuál no es un requisito exigido para la creación de cualquier órgano administrativo?

a) Determinación de su forma de integración en la Administración Pública de que se trate y su dependencia jerárquica.
b) Delimitación de sus funciones y competencias.
c) Dotación de los créditos necesarios para su puesta en marcha y funcionamiento.
d) Identificación de los órganos con los que vayan a causar duplicación de competencias.

8. En cuanto a la competencia de los órganos administrativos:

a) La competencia es renunciable por los órganos que la tengan atribuida.
b) La titularidad y el ejercicio de las competencias atribuidas a los órganos administrativos no podrán ser desconcentradas en otros jerárquicamente dependientes de aquéllos.

c) La encomienda de gestión, la delegación de firma y la suplencia no suponen alteración de la titularidad de la competencia, aunque sí de los elementos determinantes de su
ejercicio que en cada caso se prevén.

d) Si alguna disposición atribuye competencia a una Administración, sin especificar el órgano que debe ejercerla, se entenderá que la facultad de instruir y resolver los expedientes
corresponde a los órganos superiores competentes por razón de la materia y del territorio.

**9. En referencia a los órganos administrativos, podrán delegar competencias re-
lativas a:**

a) Asuntos que se refieran a relaciones con la Jefatura del Estado.
b) La adopción de disposiciones de carácter general.
c) La resolución de recursos en los órganos administrativos que hayan dictado los
actos objeto de recurso.
d) El ejercicio de la potestad sancionadora.

**10. En relación a la delegación de competencias entre órganos administrativos,
no es cierto que:**

a) La delegación puede ser revocada en cualquier momento por el órgano que la haya
conferido.
b) La delegación de competencias atribuidas a órganos colegiados, para cuyo ejercicio ordinario se requiera un quórum especial, deberá adoptarse observando, en todo
caso, dicho quórum.
c) Las competencias que se ejercen por delegación pueden ser delegadas.
d) No podrán ser delegadas aquellas materias en que así se determine por norma con
rango de ley.

11. En cuanto a la delegación de firma, es cierto que:

a) La delegación de firma altera la competencia del órgano delegante.
b) Para su validez es necesaria su publicación.
c) Solo puede delegarse la firma en materias que se ostenten por atribución.
d) En las resoluciones y actos que se firmen por delegación se hará constar la autoridad de procedencia.

**12. En relación a los conflictos de atribuciones entre órganos administrativos,
no es cierto que:**

a) El órgano administrativo que se estime incompetente para la resolución de un
asunto remitirá directamente las actuaciones al órgano que considere competente.
b) Los interesados que sean parte en el procedimiento podrán dirigirse al órgano que
se encuentre conociendo de un asunto para que decline su competencia y remita las
actuaciones al órgano competente.

c) Los interesados podrán dirigirse al órgano que estimen competente para que requiera de inhibición al que esté conociendo del asunto.

d) Los conflictos de atribuciones sólo podrán suscitarse entre órganos de una misma Administración relacionados jerárquicamente.

13. En relación a las instrucciones y órdenes de servicio, no es cierto que:

a) El incumplimiento de las instrucciones u órdenes de servicio supone la invalidez de los actos dictados por los órganos administrativos.

b) Son normas de carácter interno, que no han de afectar a los administrados.

c) No requieren un especial procedimiento de elaboración.

d) Su cumplimiento se subordina al conocimiento de las mismas por sus destinatarios.

14. Las autoridades y el personal al servicio de las Administraciones se abstendrán de intervenir en el procedimiento (señala la opción incorrecta):

a) Cuando tengan interés personal en el asunto de que se trate o en otro en cuya resolución pudiera influir la de aquél.

b) Si tienen parentesco de consanguinidad o de afinidad dentro del cuarto grado, con cualquiera de los interesados.

c) Tener amistad íntima con los administradores de entidades o sociedades interesadas o con los asesores, representantes legales o mandatarios que intervengan en el procedimiento.

d) Haber tenido intervención como perito o como testigo en el procedimiento de que se trate.

15. Señala la opción correcta en relación con la abstención en el procedimiento:

a) La actuación de autoridades y personal al servicio de las Administraciones Públicas en los que concurran motivos de abstención implicará, necesariamente, la invalidez de los actos en que hayan intervenido.

b) Los órganos jerárquicamente superiores podrán ordenar a las personas en quienes se dé alguna de las circunstancias señaladas en el art. 23 de la LRJSP que se abstengan de toda intervención en el expediente.

c) La no abstención en los casos en que proceda no dará lugar a responsabilidad.

d) La enemistad manifiesta no es motivo de abstención en el procedimiento de una autoridad de la Administración Pública.

16. En lo concerniente a la recusación, a la que se refiere el art. 24 de la LRJSP:

a) La recusación deberá promoverse por los interesados antes de que se inicie la tramitación del procedimiento.

b) La recusación se planteará por escrito en el que se expresará la causa o causas en que se funda.

c) Si el recusado niega la causa de recusación, el superior resolverá en el plazo de tres meses, previos los informes y comprobaciones que considere oportunos.

d) Contra las resoluciones adoptadas en esta materia cabe recurso de alzada.

17. Los órganos administrativos podrán dirigir las actividades de sus órganos jerárquicamente dependientes mediante:

a) Instrucciones y Órdenes de servicio.
b) Circulares.
c) Notas de servicio y Recomendaciones.
d) Directrices y Avisos.

18. Según el artículo 7 de la LRJSP, la Administración consultiva podrá articularse a través de los servicios de la Administración activa que prestan asistencia jurídica. En tal caso, dichos servicios:

a) Estarán sujetos a dependencia jerárquica orgánica pero no funcional.
b) No podrán recibir instrucciones, directrices o cualquier clase de indicación de los órganos que hayan elaborado las disposiciones o producido los actos objeto de consulta.
c) Podrán actuar como órganos individuales o como órganos colegiados.
d) Podrán suponer duplicación de otros ya existentes para tener la posibilidad de contrastar pareceres.

19. En el caso de los Organismos públicos o Entidades vinculados o dependientes, la delegación de competencias deberá ser aprobada previamente por:

a) El titular del Ministerio o Consejería a la que se encuentren adscritos.
b) El titular del Ministerio o Consejería competente en materia de Presidencia.
c) El Consejo de Ministros o Consejo de Gobierno de la Comunidad Autónoma.
d) El órgano máximo de dirección, de acuerdo con sus normas de creación.

20. Cuando se trate de órganos no relacionados jerárquicamente, y el delegante y el delegado pertenecen a diferentes Ministerios, ¿se podrá realizar una delegación de competencias?

a) Sí, siempre que el delegante tenga igual o mayor rango que el delegado.
b) No, en ningún caso.
c) Sí, previa aprobación del órgano superior de quien dependa el órgano delegado.
d) Sí, previa aprobación del órgano superior común.

En MADTEST tienes **más preguntas de este tema**, y todos tus avances quedan registrados y se reflejan en el ranking.

¡Supera tus límites con MADTEST!

Solución al test n.º 15-16

1. a) Lealtad institucional.

2. c) Proximidad a los ciudadanos.

3. a) Transparencia de la actuación administrativa.

4. b) Las actividades materiales de gestión.

5. a) Los intereses generales.

6. d) El Derecho.

7. d) Identificación de los órganos con los que vayan a causar duplicación de competencias.

8. c) La encomienda de gestión, la delegación de firma y la suplencia no suponen alteración de la titularidad de la competencia, aunque sí de los elementos determinantes de su ejercicio que en cada caso se prevén.

9. d) El ejercicio de la potestad sancionadora.

10. c) Las competencias que se ejercen por delegación pueden ser delegadas.

11. d) En las resoluciones y actos que se firmen por delegación se hará constar la autoridad de procedencia.

12. d) Los conflictos de atribuciones sólo podrán suscitarse entre órganos de una misma Administración relacionados jerárquicamente.

13. a) El incumplimiento de las instrucciones u órdenes de servicio supone la invalidez de los actos dictados por los órganos administrativos.

14. b) Si tienen parentesco de consanguinidad o de afinidad dentro del cuarto grado, con cualquiera de los interesados.

15. b) Los órganos jerárquicamente superiores podrán ordenar a las personas en quienes se dé alguna de las circunstancias señaladas en el art. 23 de la LRJSP que se abstengan de toda intervención en el expediente.

16. b) La recusación se planteará por escrito en el que se expresará la causa o causas en que se funda.

17. a) Instrucciones y Órdenes de servicio.

18. b) No podrán recibir instrucciones, directrices o cualquier clase de indicación de los órganos que hayan elaborado las disposiciones o producido los actos objeto de consulta.

19. d) El órgano máximo de dirección, de acuerdo con sus normas de creación.

20. c) Sí, previa aprobación del órgano superior de quien dependa el órgano delegado.

TEST N.º 17

Ley 9/2017, de 8 de noviembre de Contratos del Sector Público: la contratación administrativa en el Sector Público, delimitación de tipos contractuales

1. La contratación administrativa en el sector público viene regulada por:

a) La Ley 9/2017, de 8 de noviembre.
b) La Ley 6/2017, de 24 de octubre.
c) La Ley 3/2017, de 27 de junio.
d) La Ley 4/2017, de 25 de septiembre.

2. Están incluidos en el ámbito de la Ley de Contratos del Sector Público:

a) La relación de servicio de los funcionarios públicos y los contratos regulados en la legislación laboral.
b) Las relaciones jurídicas consistentes en la prestación de un servicio público cuya utilización por los usuarios requiera el abono de una tarifa, tasa o precio público de aplicación general.
c) Los contratos relativos a servicios de arbitraje y conciliación.
d) Los contratos onerosos, cualquiera que sea su naturaleza jurídica, que celebren las Mutuas de Accidentes de Trabajo y Enfermedades Profesionales de la Seguridad Social.

3. Los contratos que tienen por objeto la adquisición, el arrendamiento financiero, o el arrendamiento, con o sin opción de compra, de productos o bienes muebles, son:

a) Contratos de servicios.
b) Contratos de suministro.
c) Contratos de obras.
d) Contratos de gestión de servicios públicos.

4. No se consideran contratos de suministros:

a) Aquellos en los que el empresario se obligue a entregar una pluralidad de bienes de forma sucesiva y por precio unitario sin que la cuantía total se defina con exactitud al tiempo de celebrar el contrato, por estar subordinadas las entregas a las necesidades del adquirente.

b) Los que tengan por objeto la adquisición y el arrendamiento de equipos y sistemas de telecomunicaciones o para el tratamiento de la información, sus dispositivos y programas, y la cesión del derecho de uso de estos últimos.

c) Los de adquisición de programas de ordenador desarrollados a medida.

d) Los de fabricación, por los que la cosa o cosas que hayan de ser entregadas por el empresario deban ser elaboradas con arreglo a características peculiares fijadas previamente por la entidad contratante, aun cuando esta se obligue a aportar, total o parcialmente, los materiales precisos.

5. Están sujetos a regulación armonizada los contratos de obras y los contratos de concesión de obras públicas cuyo valor estimado sea igual o superior a:

a) 5.538.000 euros.
b) 6.581.000 euros.
c) 8.615.000 euros.
d) 1.861.000 euros.

6. Están sujetos a regulación armonizada los contratos de suministro adjudicados por la Administración General del Estado, sus organismos autónomos, o las Entidades Gestoras y Servicios Comunes de la Seguridad Social, cuyo valor estimado sea igual o superior a:

a) 5.538.000 euros.
b) 143.000 euros.
c) 221.000 euros.
d) 80.000 euros.

7. De los siguientes, son contratos privados los contratos celebrados por una Administración Pública que tengan por objeto:

a) La suscripción a revistas, publicaciones periódicas y bases de datos.
b) La concesión de servicios públicos.
c) Los contratos de colaboración entre el sector público y el sector privado.
d) La adquisición de suministros.

8. Conforme al artículo 1.3 de la Ley 9/2017, siempre que guarde relación con el objeto del contrato, en toda contratación pública se incorporarán de manera transversal y preceptiva criterios sociales y:

a) Divulgativos.
b) Comunitarios.
c) Medioambientales.
d) Judiciales.

9. Conforme al artículo 3.4 de la Ley 9/2017, los partidos políticos, cuando cumplan los requisitos para ser poder adjudicador y respecto de los contratos sujetos a regulación armonizada, deberán actuar conforme a los principios de publicidad, concurrencia, transparencia, igualdad y:

a) No discriminación.
b) Eficacia.
c) Sometimiento a las leyes.
d) Legitimidad.

10. En virtud de la Ley 9/2017 (art. 6.1.a), se presumirá que las entidades intervinientes en un convenio tienen vocación de mercado cuando realicen en el mercado abierto un porcentaje de las actividades objeto de colaboración igual o superior a:

a) El 10%.
b) El 20%.
c) El 50%.
d) El 30%.

11. Se incluyen en el ámbito de aplicación de la Ley 9/2017:

a) Las relaciones jurídicas consistentes en la prestación de un servicio público cuya utilización por los usuarios requiera el abono de una tarifa, tasa o precio público de aplicación general.
b) Las encomiendas de gestión reguladas en la legislación vigente en materia de régimen jurídico del sector público.
c) Los contratos relativos a servicios de arbitraje y conciliación.
d) Los contratos subvencionados por entidades que tengan la consideración de poderes adjudicadores que celebren otras personas físicas o jurídicas en los supuestos previstos en el artículo 23 relativo a los contratos subvencionados sujetos a una regulación armonizada.

12. Un conjunto de trabajos de construcción o de ingeniería civil, destinado a cumplir por sí mismo una función económica o técnica, que tenga por objeto un bien inmueble, es denominado por la Ley 9/2017:

a) Una infraestructura.
b) Patrimonio material.
c) Una obra.
d) Un servicio público.

13. En un contrato de concesión de obras, cuando no esté garantizado que, en condiciones normales de funcionamiento, el concesionario vaya a recuperar las inversiones realizadas ni a cubrir los costes en que hubiera incurrido como consecuencia de la explotación de las obras que sean objeto de la concesión, se considerará que el mismo asume un riesgo:

a) Operacional.
b) Virtual.

c) General.
d) Provisional.

14. Los contratos que tengan por objeto la adquisición de energía primaria o energía transformada se consideran:

a) Contratos de concesión de servicios.
b) Contratos de suministros.
c) Contratos privados.
d) Contratos de servicios.

15. Deberá elaborarse un proyecto y tramitarse como la Ley 9/2017 dispone para los contratos de obras, el contrato mixto en que un elemento del contrato sea una obra y esta supere:

a) Los 50.000 euros.
b) Los 100.000 euros.
c) Los 5.000 euros.
d) Los 10.000 euros.

16. No podrán ser objeto de los contratos de servicios:

a) Los que impliquen ejercicio de la autoridad inherente a los poderes públicos.
b) Los que impliquen el desarrollo o mantenimiento de aplicaciones informáticas.
c) Los que tengan por objeto el desarrollo y la puesta a disposición de productos protegidos por un derecho de propiedad intelectual o industrial.
d) Los que tengan por objeto la prestación de actividades docentes en centros del sector público desarrolladas en forma de cursos de formación o perfeccionamiento del personal al servicio de la Administración.

17. Se consideran sujetos a regulación armonizada los contratos:

a) Relativos al tiempo de radiodifusión o al suministro de programas que sean adjudicados a proveedores del servicio de comunicación audiovisual o radiofónica.
b) De concesión adjudicados para la puesta a disposición o la explotación de redes fijas destinadas a prestar un servicio al público en relación con la producción, el transporte o la distribución de agua potable;
c) De concesión de obras cuyo valor estimado sea igual o superior a 5.538.000 euros.
d) Que tengan por objeto los servicios de certificación y autenticación de documentos que deban ser prestados por un notario público.

18. Los contratos celebrados por entidades del sector público que siendo poder adjudicador no reúnan la condición de Administraciones Públicas, tienen la consideración de:

a) Contratos administrativos.
b) Contratos privados.

c) Contratos administrativos especiales.
d) Contratos mixtos.

19. Los contratos celebrados por entidades del sector público que no reúnan la condición de poder adjudicador, tienen la consideración de:

a) Contratos administrativos.
b) Contratos privados.
c) Contratos administrativos especiales.
d) Contratos mixtos.

20. Para la Directiva 2014/23/UE, de 26 de febrero de 2014, relativa a la adjudicación de contratos de concesión, el criterio delimitador del contrato de concesión de servicios respecto del contrato de servicios es:

a) La cuantificación del coste.
b) Quién asume el riesgo operacional.
c) La exigencia o no de la clasificación del empresario.
d) La publicación en boletín oficial.

En MADTEST tienes **más preguntas de este tema**, y todos tus avances quedan registrados y se reflejan en el ranking.

¡Supera tus límites con MADTEST!

Solución al test n.º 17

1. a) La Ley 9/2017, de 8 de noviembre.

2. d) Los contratos onerosos, cualquiera que sea su naturaleza jurídica, que celebren las Mutuas de Accidentes de Trabajo y Enfermedades Profesionales de la Seguridad Social.

3. b) Contratos de suministro.

4. c) Los de adquisición de programas de ordenador desarrollados a medida.

5. a) 5.548.000 euros.

6. b) 144.000 euros.

7. a) La suscripción a revistas, publicaciones periódicas y bases de datos.

8. c) Medioambientales.

9. a) No discriminación.

10. b) El 20%.

11. d) Los contratos subvencionados por entidades que tengan la consideración de poderes adjudicadores que celebren otras personas físicas o jurídicas en los supuestos previstos en el artículo 23 relativo a los contratos subvencionados sujetos a una regulación armonizada.

12. c) Una obra.

13. a) Operacional.

14. b) Contratos de suministros.

15. a) Los 50.000 euros.

16. a) Los que impliquen ejercicio de la autoridad inherente a los poderes públicos.

17. c) De concesión de obras cuyo valor estimado sea igual o superior a 5.548.000 euros.

18. b) Contratos privados.

19. b) Contratos privados.

20. b) Quién asume el riesgo operacional.

TEST N.º 18

Los derechos de los ciudadanos. La atención al público: acogida e información al ciudadano. La información administrativa

1. El ciudadano, de cara a la Administración es, ante todo:

a) Un «administrado».
b) Un pagador de impuestos.
c) Un ciudadano que necesita de información.
d) Una persona.

2. El artículo 23.º de la Constitución Española establece que:

a) Se reconoce el derecho de los ciudadanos a participar en los asuntos públicos, directamente o por medio de sus representantes.
b) Todos los españoles tendrán derecho a la petición individual y colectiva por escrito.
c) Se reconoce el derecho a comunicar o recibir libremente información veraz por cualquier medio de difusión.
d) El derecho indicado en la respuesta anterior podrá restringirse o limitarse mediante sistemas de censura autorizados legalmente.

3. Según lo dispuesto en el artículo 77 de la Constitución Española:

a) Las Cámaras pueden recibir, verbalmente o por escrito, peticiones individuales o colectivas.
b) Las Cámaras remitirán al Gobierno todas las peticiones que reciban.
c) El Gobierno no está obligado a explicarse en el contenido de las peticiones, aunque lo exija el ciudadano.
d) Todas las respuestas anteriores son falsas.

4. ¿Qué artículo de la Constitución prevé el establecimiento, por ley, de las formas de participación de los ciudadanos en la actividad de los organismos públicos cuya función afectara directamente a la calidad de vida o al bienestar general?

a) Artículo 103.
b) Artículo 109.

c) Artículo 129.
d) Artículo 137.

5. Ante un ciudadano excitable y entendido, el encargado de atención al público deberá:

a) No ceder en sus posiciones, defendiéndose con sus mismas armas.
b) No dejarse avasallar, reaccionando con la dureza necesaria.
c) No perder el autocontrol ni enfrentarse a él.
d) Ignorarlo.

6. ¿Con qué tipo de ciudadanos, en su relación con la Administración, es eficaz la táctica de "pasarse a su bando"?

a) Con los inquisitivos.
b) Con los silenciosos.
c) Con los escépticos.
d) Con los habladores.

7. Son características de la escucha activa (señala la respuesta incorrecta):

a) No tener en cuenta las circunstancias del administrado.
b) Prepararse sobre el tema que se trata.
c) Resumir las ideas básicas que se exponen.
d) Preguntar y tomar notas.

8. El informador público, antes de emitir su mensaje sobre un asunto, deberá:

a) Analizar al receptor para adivinar sus reacciones.
b) No dejarse llevar por prejuicios propios.
c) Establecer los objetivos de su mensaje.
d) Todas son correctas.

9. ¿En qué norma se regulan los servicios de información administrativa y atención al ciudadano?

a) Real Decreto 208/1996, de 9 de febrero.
b) Real Decreto 206/1999, de 7 de febrero.
c) Real Decreto 207/1998, de 6 de febrero.
d) Real Decreto 209/1997, de 8 de febrero.

10. Otro nombre para la reformulación, como técnica de ayuda a la comunicación es:

a) Feed Back.
b) Reiteración.

c) Fenómeno eco.
d) Aliteración.

11. Según el artículo 51 de la Constitución, los poderes públicos promoverán la información y la educación de los consumidores y usuarios, fomentarán sus organizaciones y oirán a estas en las cuestiones que puedan afectar a aquellos:

a) En los términos que la ley establezca.
b) Salvo resolución judicial.
c) En los términos que establezca una ley orgánica.
d) En la calidad de la vida o al bienestar general.

12. Quienes, de conformidad con el artículo 3 de la LPACAP, tienen capacidad de obrar ante las Administraciones Públicas, son titulares, en sus relaciones con ellas, del derecho a ser tratados con respeto y deferencia por las autoridades y empleados públicos:

a) Cuando así corresponda legalmente.
b) De acuerdo con lo previsto en dicha ley y en el resto del ordenamiento jurídico.
c) De acuerdo con lo previsto en la Ley 19/2013, de 9 de diciembre, de Transparencia, Acceso a la Información Pública y Buen Gobierno y el resto del ordenamiento jurídico.
d) Que habrán de facilitarles el ejercicio de sus derechos y el cumplimiento de sus obligaciones.

13. En relación con el tipo de comunicación del interesado con la Administración, no es cierto que:

a) Las personas físicas puedan elegir en todo momento si se comunican con las Administraciones Públicas para el ejercicio de sus derechos y obligaciones a través de medios electrónicos o no, salvo que estén obligadas a relacionarse a través de medios electrónicos con las Administraciones Públicas.
b) Las Administraciones puedan establecer la obligación de relacionarse con ellas a través de medios electrónicos para determinados procedimientos y para ciertos colectivos de personas físicas.
c) Las personas jurídicas estén obligadas a relacionarse a través de medios electrónicos con las Administraciones Públicas para la realización de cualquier trámite de un procedimiento administrativo.
d) El medio elegido por la persona para comunicarse con las Administraciones Públicas no puede ser modificado a lo largo del procedimiento.

14. Para el ciudadano un buen servicio es el que tiene que ver con las expectativas que él tiene de ser atendido y no con nuestro modo de atenderlo. La visión de la realidad que una persona se hace es lo que se conoce como:

a) Expectación.
b) Ilusión.

c) Percepción.
d) Impresión.

15. Reformular o parafrasear lo que dice el cliente (fenómeno eco) ayuda a:

a) Defender nuestra información.
b) Evitar valores e interpretaciones morales.
c) Mostrar sinceridad.
d) Demostrar que hemos comprendido bien.

16. Por cuál de las siguientes normas se regula la atención ciudadana y las oficinas de asistencia en materia de registros en la Administración del Principado de Asturias, sus organismos y entes públicos:

a) Decreto 89/2017, de 20 de diciembre.
b) Decreto 61/2014, de 25 de junio.
c) Decreto 72/2013, de 11 de septiembre.
d) Decreto 1709/2010, de 17 de diciembre.

17. El Decreto 89/2017, de 20 de diciembre, se aplica a:

a) Las entidades locales del Principado de Asturias.
b) El Servicio de Salud del Principado de Asturias.
c) La Administración del Estado en el Principado de Asturias.
d) La Asamblea del Principado de Asturias.

18. Según el artículo 3 del Decreto 89/2017, la atención ciudadana, como conjunto de medios puestos a disposición de la ciudadanía en orden a facilitar el ejercicio de sus derechos y el cumplimiento de sus obligaciones en sus relaciones con la Administración del Principado de Asturias, se rige, entre otros, por el principio de objetividad, eficacia y .... en el servicio a la ciudadanía y a los intereses públicos. Señalar la palabra que falta en la frase:

a) Equidad.
b) Calidad.
c) Transparencia.
d) Eficiencia.

19. Según el artículo 3 del Decreto 89/2017, la atención ciudadana, como conjunto de medios puestos a disposición de la ciudadanía en orden a facilitar el ejercicio de sus derechos y el cumplimiento de sus obligaciones en sus relaciones con la Administración del Principado de Asturias, se rige, entre otros, por el principio de igualdad y no discriminación en:

a) El servicio a la ciudadanía y a los intereses públicos.
b) El acceso a los servicios de atención ciudadana.

c) La gestión del SAC.
d) El trato con los ciudadanos.

20. A los efectos del Decreto 89/2017, a aquella información que permite a la ciudadanía acceder al conocimiento de sus derechos y obligaciones y a la utilización de los bienes y servicios públicos, se le denomina:

a) Información general.
b) Información administrativa.
c) Información particular.
d) Información oficial.

En MADTEST tienes **más preguntas de este tema**, y todos tus avances quedan registrados y se reflejan en el ranking.

¡Supera tus límites con MADTEST!

Solución al test n.º 18

1. d) Una persona.

2. a) Se reconoce el derecho de los ciudadanos a participar en los asuntos públicos, directamente o por medio de sus representantes.

3. d) Todas las respuestas anteriores son falsas.

4. c) Artículo 129.

5. c) No perder el autocontrol ni enfrentarse a él.

6. c) Con los escépticos.

7. a) No tener en cuenta las circunstancias del administrado.

8. d) Todas son correctas.

9. a) Real Decreto 208/1996, de 9 de febrero.

10. c) Fenómeno eco.

11. a) En los términos que la ley establezca.

12. d) Que habrán de facilitarles el ejercicio de sus derechos y el cumplimiento de sus obligaciones.

13. d) El medio elegido por la persona para comunicarse con las Administraciones Públicas no puede ser modificado a lo largo del procedimiento.

14. c) Percepción.

15. d) Demostrar que hemos comprendido bien.

16. a) Decreto 89/2017, de 20 de diciembre.

17. b) El Servicio de Salud del Principado de Asturias.

18. d) Eficiencia.

19. b) El acceso a los servicios de atención ciudadana.

20. b) Información administrativa.

TEST N.º 19

Los sistemas de información: conceptos generales de las tecnologías de información. La información administrativa. Las sugerencias y reclamaciones. La presentación de escrito y comunicaciones

1. Indica la respuesta correcta:

a) Los datos siempre contienen información.
b) Los datos no siempre contienen información.
c) Los datos se consiguen agrupando información.
d) Ninguna de las anteriores.

2. La información se podría decir que:

a) Procede del procesado de los datos.
b) Para ser considerada como tal debe ser relevante.
c) Las dos anteriores son correctas.
d) Siempre está disponible para el usuario.

3. Una posible clasificación de los datos podría ser:

a) Según tipo almacenamiento.
b) Según longitud.
c) Según se muestren al usuario.
d) Según su importancia.

4. ¿Qué son los datos significativos?

a) Son aquellos que expresan una idea clara, sin dar lugar a ambigüedad.
b) Son aquellos que contienen una información parcial pero clara.
c) Son aquellos que contienen símbolos reconocibles y están completos.
d) Las respuestas a) y c) son correctas.

5. Señala cuál de las siguientes no es una característica que debe presentar un sistema de información:

a) Fiabilidad ante la posible aparición de errores.
b) Generación de relaciones entre los contenidos.
c) Simplicidad, para facilitar el acceso a cualquier usuario
d) Flexibilidad, para poder adaptarlo a las diferentes necesidades que puedan surgir.

6. ¿A qué va destinado el módulo de difusión de la información?

a) A implementar la posibilidad de recoger estadísticas y opiniones sobre posibles actualizaciones y mejoras del sistema.
b) Puede generar tipologías de usuarios que reciban notificaciones cuando se introduzca en el sistema información que pueda ser sensible a sus intereses.
c) A ejecutar los algoritmos de análisis y procesamiento de la información más adecuados al Sistema de Información.
d) A definir la estructura de las bases de datos y el formato de los documentos necesarios para la implementación adecuada del Sistema de Información.

7. ¿Qué es la telemedicina?

a) Un mecanismo para agilizar la citación de los usuarios con su médico de familia o pediatra de atención primaria y con los especialistas de área.
b) Un dispositivo de diagnóstico y tratamiento a distancia evitando desplazamientos.
c) La informatización de los registros clínicos de cada usuario o paciente.
d) Un sistema fiable de identificación de los usuarios del sistema sanitario.

8. Según el RD 208/1996, la información particular es:

a) La referida a los requisitos jurídicos o técnicos que las disposiciones impongan a los proyectos, actuaciones o solicitudes que los ciudadanos se propongan realizar.
b) La concerniente al estado o contenido de los procedimientos en tramitación, y a la identificación de las autoridades y personal al servicio de las Administración General del Estado y de las entidades de derecho público vinculadas o dependientes de la misma bajo cuya responsabilidad se tramiten aquellos procedimientos.
c) La referente a la tramitación de procedimientos, a los servicios públicos y prestaciones, así como a cualesquiera otros datos que los ciudadanos tengan necesidad de conocer en sus relaciones con las Administraciones Públicas, en su conjunto, o con alguno de sus ámbitos de actuación.
d) La relativa a la identificación, fines, competencia, estructura, funcionamiento y localización de organismos y unidades administrativas.

9. En relación con la información particular, es cierto que:

a) Se facilitará obligatoriamente a los ciudadanos, sin exigir para ello la acreditación de legitimación alguna.
b) Solo podrá ser facilitada a las personas que tengan la condición de interesados en cada procedimiento o a sus representantes legales.

c) No podrá referirse a los datos de carácter personal que afecten de alguna forma a la intimidad o privacidad de las personas físicas.

d) Cuando resulte conveniente una mayor difusión, deberá ofrecerse a los grupos sociales o instituciones que estén interesados en su conocimiento.

10. Es una manifestación o declaración de un ciudadano en la que este transmite una idea con la que pretende la mejora de la calidad o accesibilidad de los servicios, el incremento en el rendimiento o ahorro del gasto público, la simplificación de trámites administrativos o supresión de aquellos considerados innecesarios, propuestas de modificaciones normativas y, con carácter general, propuesta de cualquier medida que suponga un mayor grado de satisfacción de la ciudadanía en sus relaciones con la Administración Pública:

a) Una queja.
b) Una sugerencia.
c) Una reclamación.
d) Una petición.

11. Las quejas formuladas conforme a lo previsto en el RD 951/2005, de 29 de julio, por el que se establece el marco general para la mejora de la calidad en la Administración General del Estado:

a) Tendrán la calificación de recurso administrativo.
b) Condicionarán el ejercicio de las restantes acciones o derechos que, de conformidad con la normativa reguladora de cada procedimiento, puedan ejercer aquellos que en se consideren interesados en el procedimiento.
c) Han de formularse por medios telemáticos.
d) Pueden formularse presencialmente.

12. Según el RD 951/2005, recibida la queja o sugerencia, la unidad responsable de su gestión informará al interesado de las actuaciones realizadas en el plazo de:

a) 10 días hábiles.
b) 15 días hábiles.
c) 20 días hábiles.
d) Un mes.

13. Según el RD 951/2005, al ciudadano que interpone una queja o sugerencia se le podrá requerir que formule las aclaraciones necesarias para su correcta tramitación, en un plazo de:

a) 10 días hábiles.
b) 15 días hábiles.
c) 20 días hábiles.
d) Un mes.

14. La unidad tramitadora de quejas o sugerencias, ¿cuándo remitirá a la Inspección General de Servicios de su respectivo ministerio, el informe global de las quejas y sugerencias recibidas en el año anterior?

a) En el mes de enero de cada año.
b) En el primer trimestre del año siguiente.
c) En el primer semestre de cada año.
d) En los primeros quince días del mes de enero de cada año.

15. Aquella información que permite a la ciudadanía acceder al conocimiento de sus derechos y obligaciones y a la utilización de los bienes y servicios públicos, es:

a) Información general.
b) Información pública.
c) Información particular.
d) Información administrativa.

16. Es información particular la información administrativa:

a) Referente a la tramitación de procedimientos, a los servicios públicos y prestaciones, así como a cualquier otro dato que aquellas tengan necesidad de conocer en sus relaciones con la Administración del Principado de Asturias y con sus organismos y entes públicos.

b) Referida a los requisitos jurídicos o técnicos que las disposiciones impongan a los proyectos, actuaciones o solicitudes que las personas se propongan realizar.

c) Concerniente al estado o contenido de los procedimientos y a la identificación de las autoridades y personal al servicio de la Administración del Principado de Asturias y de sus organismos y entes públicos bajo cuya responsabilidad se tramiten aquellos.

d) Relativa a la identificación, fines, competencia, estructura, funcionamiento y localización de organismos, unidades administrativas, autoridades y personal al servicio de las Administración del Principado de Asturias y de sus organismos y entes públicos.

17. Se define en el Decreto 89/2017 como la manifestación o declaración de un ciudadano en la que este transmite una idea con la que pretende mejorar los servicios que presta la Administración del Principado de Asturias o sus organismos y entes públicos, o alguno de sus procesos, o bien solicita la prestación de un servicio o actuación no previsto o no ofrecido:

a) Petición.
b) Denuncia.
c) Sugerencia.
d) Queja.

18. Se define en el Decreto 89/2017 como la exposición de una incidencia, durante la prestación de un servicio por parte de la Administración del Principado de Asturias o sus organismos y entes públicos que produce en la persona que reclama la percepción de ineficacia o de actuación inadecuada, y requiere de una respuesta:

a) Petición.
b) Denuncia.

c) Recurso.
d) Queja.

19. La información general:

a) Se facilitará obligatoriamente a cualquier persona que la solicite, sin exigir para ello la condición de interesado en un procedimiento.

b) Se facilitará, obligatoria y exclusivamente, a quienes tengan la condición de interesados en cada procedimiento o a sus representantes legales.

c) Se facilitará obligatoriamente a cualquier persona que la solicite, previa justificación por el interesado de la razón de la información.

d) Se facilitará obligatoriamente en abierto a través del punto de acceso general.

20. Conforme al artículo 11 del Decreto 89/2017, las sugerencias y quejas NO podrán presentarse a través del siguiente canal:

a) Presencialmente.

b) Correo postal.

c) Telefónicamente.

d) Por internet a través de la sede electrónica de la Administración del Principado de Asturias.

En MADTEST tienes **más preguntas de este tema,** y todos tus avances quedan registrados y se reflejan en el ranking.

¡Supera tus límites con MADTEST!

Solución al test n.º 19

1. b) Los datos no siempre contienen información.

2. c) Las dos anteriores son correctas.

3. a) Según tipo almacenamiento.

4. d) Las respuestas a) y c) son correctas.

5. c) Simplicidad, para facilitar el acceso a cualquier usuario

6. b) Puede generar tipologías de usuarios que reciban notificaciones cuando se introduzca en el sistema información que pueda ser sensible a sus intereses.

7. b) Un dispositivo de diagnóstico y tratamiento a distancia evitando desplazamientos.

8. b) La concerniente al estado o contenido de los procedimientos en tramitación, y a la identificación de las autoridades y personal al servicio de las Administración General del Estado y de las entidades de derecho público vinculadas o dependientes de la misma bajo cuya responsabilidad se tramiten aquellos procedimientos.

9. b) Solo podrá ser facilitada a las personas que tengan la condición de interesados en cada procedimiento o a sus representantes legales.

10. b) Una sugerencia.

11. d) Pueden formularse presencialmente.

12. c) 20 días hábiles.

13. a) 10 días hábiles.

14. a) En el mes de enero de cada año.

15. d) Información administrativa.

16. c) Concerniente al estado o contenido de los procedimientos y a la identificación de las autoridades y personal al servicio de la Administración del Principado de Asturias y de sus organismos y entes públicos bajo cuya responsabilidad se tramiten aquellos.

17. c) Sugerencia.

18. d) Queja.

19. a) Se facilitará obligatoriamente a cualquier persona que la solicite, sin exigir para ello la condición de interesado en un procedimiento.

20. c) Telefónicamente.

TEST N.º 20

Las funciones de información administrativa y atención al ciudadano: regulación. Presentación de solicitudes, escritos y comunicaciones, expedición de copias de documentos y devolución de originales. Régimen de Oficinas de Registro. El Registro de entrada y salida de documentos

1. Señala la respuesta incorrecta. Conforme al artículo 13 del Decreto 89/2017, de 20 de diciembre, son oficinas de asistencia en materia de registros de la Administración del Principado de Asturias:

a) Las oficinas centrales de registro de cada Consejería.

b) La Oficina Central de asistencia en materia de registros de la Administración del Principado de Asturias.

c) La oficina general de asistencia en materia de registros de cada Consejería.

d) Las oficinas auxiliares de asistencia en materia de registros de cada Consejería.

2. Es una función de las oficinas de asistencia en materia de registros:

a) La emisión de informes en aquellos procedimientos en los que hayan tramitado la solicitud.

b) La concentración de trámites para favorecer la ordenación del procedimiento.

c) Facilitar a los interesados el código de identificación del órgano, centro o unidad administrativa a la que se dirige.

d) Acordar la apertura de un período de prueba para facilitar la resolución del procedimiento.

3. La información administrativa que se proporcione:

a) Tendrá carácter de notificación originando derechos o expectativas de derecho.

b) Podrá suponer una interpretación normativa, consideración jurídica o económica.

c) Podrá invocarse a efectos de interrupción o suspensión de plazos, caducidad o prescripción.

d) Será clara, concreta y de fácil comprensión.

4. De no poder facilitarse de inmediato, por resultar necesario realizar la consulta a otro órgano o unidad, la información general se ha de facilitar en un plazo de:

a) 10 días.
b) 15 días.
c) 20 días.
d) 1 mes.

5. Si la petición de información administrativa requiere la consulta a otro órgano o unidad, se le dará traslado a este en el plazo de:

a) 2 días.
b) 3 días.
c) 5 días.
d) 7 días.

6. Cuando una vez solicitada la información, el órgano o unidad requerida considere preciso obtener determinadas aclaraciones, se notificará al interesado, que dispondrá de un plazo para subsanar, aclarar o completar su solicitud de:

a) 10 días.
b) 15 días.
c) 7 días.
d) 3 días.

7. El conocimiento, seguimiento y centralización de toda la información administrativa que, generada en una Consejería, resulte relevante para la ciudadanía, así como su transmisión inmediata al SAC, corresponde:

a) Al Gabinete del Consejero.
b) A la Secretaría General Técnica de la Consejería.
c) A la Dirección General en la que delegue el Consejero.
d) Al Servicio de Atención Ciudadana de la Consejería.

8. ¿Cuál de las siguientes funciones de la atención personalizada al ciudadano comprenderá la recepción de la documentación inicial de un expediente cuando así se haya dispuesto reglamentariamente, así como las actuaciones de trámite y resolución de las cuestiones cuya urgencia y simplicidad demanden una respuesta inmediata?

a) Función de recepción y acogida a los ciudadanos.
b) Función de gestión, en relación con los procedimientos administrativos.
c) Función de orientación e información.
d) Función de recepción de las iniciativas o sugerencias formuladas por los ciudadanos.

9. Ofrecer las aclaraciones y ayuda de índole práctica que los ciudadanos requieran sobre procedimientos, trámites, requisitos y documentación para los proyectos, actuaciones o solicitudes que se propongan realizar, es un fin de la siguiente función de la atención ciudadana a prestar por el SAC:

a) Recepción y gestión de sugerencias y quejas.
b) Asistencia en materia de registros.
c) Orientación e información.
d) Acreditación de la identidad para la emisión de certificados.

10. Conforme al artículo 16 del Decreto 89/2017, las oficinas de asistencia en materia de registros desarrollarán, entre otras, la función de .... de recibos que acrediten la fecha y hora de presentación de solicitudes, comunicaciones y escritos. Qué palabra falta en la frase:

a) Expedición.
b) Anotación.
c) Remisión.
d) Digitalización.

11. Conforme al artículo 16 del Decreto 89/2017, las oficinas de asistencia en materia de registros desarrollarán, entre otras, la función de .... de asientos de entrada y, en su caso, salida de las solicitudes, escritos y comunicaciones. Qué palabra falta en la frase:

a) Expedición.
b) Anotación.
c) Remisión.
d) Digitalización.

12. Conforme al artículo 16 del Decreto 89/2017, las oficinas de asistencia en materia de registros facilitarán a los interesados el .... de identificación del órgano, centro o unidad administrativa a la que se dirige. Qué palabra falta en la frase:

a) Metadato.
b) Número.
c) Código.
d) Documento.

13. En relación al acceso a la información administrativa, es cierto que:

a) La información general se facilitará obligatoriamente a cualquier persona que la solicite, sin exigir para ello la condición de interesado en un procedimiento.
b) La información particular se facilitará, obligatoriamente a quienes tengan la condición de interesados en cada procedimiento o a sus representantes legales, y, voluntariamente, a cualquier otra persona que la solicite.

c) La información general se facilitará obligatoriamente a cualquier persona que la solicite, siempre que demuestre la condición de interesado.

d) La información particular se facilitará obligatoriamente a cualquier persona que la solicite, sin exigir para ello la condición de interesado en un procedimiento.

14. Según el artículo 8 del Decreto 89/2017, la información proporcionada:

a) Será clara, concreta y de fácil comprensión, considerándose siempre la generalidad de las personas que solicitan la información.

b) Tendrá carácter orientativo pudiendo generar derechos y expectativas de derecho.

c) En ningún caso supondrá una interpretación normativa, consideración jurídica o económica.

d) Podrá ser invocada a efectos de interrupción o suspensión de plazos, caducidad o prescripción.

15. La información general solicitada ante el SAC será facilitada de inmediato, a ser posible, o, si resultase necesario realizar la consulta a otro órgano o unidad, en el plazo de:

a) Diez días.
b) Quince días.
c) Veinte días.
d) Treinta días.

16. La información particular solicitada ante el SAC será facilitada en el plazo de:

a) Diez días.
b) Quince días.
c) Veinte días.
d) Treinta días.

17. Si la petición de información administrativa ante el SAC requiere la consulta a otro órgano o unidad, se le dará traslado a éste en el plazo de:

a) 24 horas.
b) Dos días.
c) Cinco días.
d) Una semana.

18. Gestionada por la Secretaría General Técnica, en cada Consejería existirá:

a) Una oficina general de asistencia en materia de registros.
b) Una oficina central de asistencia en materia de registros.
c) Una oficina auxiliar de asistencia en materia de registros.
d) Una oficina delegada de asistencia en materia de registros.

19. La creación, modificación o supresión de oficinas auxiliares de asistencia en materia de registros se llevará a cabo:

a) Mediante Decreto del Consejo de Gobierno.
b) Mediante Resolución del Consejero de Presidencia.
c) Mediante Resolución del titular de la Consejería correspondiente.
d) Mediante Convenio entre la Consejería correspondiente y el ayuntamiento en el que se ubique.

20. Serán objeto de registro en la oficina de asistencia en materia de registros de la Administración del Principado de Asturias:

a) Las solicitudes, escritos y comunicaciones que se reciban por fax, telegrama y correo electrónico.
b) Las solicitudes, escritos y comunicaciones redactados en lenguas extranjeras que se acompañen de traducción oficial.
c) Las solicitudes, escritos y comunicaciones que se envíen entre unidades que dependan de un mismo órgano administrativo.
d) Los informes, escritos y documentos que se envíen entre empleados públicos y sus superiores o viceversa, incluyendo peticiones de vacaciones y permisos, así como partes médicos de altas y bajas o similares.

En MADTEST tienes **más preguntas de este tema**, y todos tus avances quedan registrados y se reflejan en el ranking.

¡Supera tus límites con MADTEST!

Solución al test n.º 20

1. a) Las oficinas centrales de registro de cada Consejería.

2. c) Facilitar a los interesados el código de identificación del órgano, centro o unidad administrativa a la que se dirige.

3. d) Será clara, concreta y de fácil comprensión.

4. b) 15 días.

5. a) 2 días.

6. a) 10 días.

7. b) A la Secretaría General Técnica de la Consejería.

8. b) Función de gestión, en relación con los procedimientos administrativos.

9. c) Orientación e información.

10. a) Expedición.

11. b) Anotación.

12. c) Código.

13. a) La información general se facilitará obligatoriamente a cualquier persona que la solicite, sin exigir para ello la condición de interesado en un procedimiento.

14. c) En ningún caso supondrá una interpretación normativa, consideración jurídica o económica.

15. b) Quince días.

16. b) Quince días.

17. b) Dos días.

18. a) Una oficina general de asistencia en materia de registros.

19. c) Mediante Resolución del titular de la Consejería correspondiente.

20. b) Las solicitudes, escritos y comunicaciones redactados en lenguas extranjeras que se acompañen de traducción oficial.

TEST N.º 21

Concepto y clases de documentos administrativos. Análisis de los documentos administrativos más habituales: instancia, certificado, anuncio, informe, resolución, comunicación y notificación. Formación del expediente. Documentos originales, copias y archivos

1. El artículo 49.1 de la Ley 16/1985, de 25 de junio, del Patrimonio Histórico Español, lo define como "toda expresión en lenguaje natural o convencional y cualquier otra expresión gráfica, sonora o en imagen, recogidas en cualquier tipo de soporte material, incluso los soportes informáticos":

a) El documento.
b) El registro.
c) El archivo.
d) El expediente.

2. Es una característica del documento de archivo:

a) Es único e irrepetible.
b) Reflejan relaciones entre personas y Administración de forma subjetiva.
c) Carece de carácter seriado.
d) La reproducción en numerosos ejemplares.

3. ¿Cuál de los siguientes caracteres externos del documento alude a la configuración física del documento y a la manera en que se ha conservado?

a) Clase.
b) Forma.
c) Formato.
d) Soporte.

4. Es un carácter interno del documento:

a) Tipo.
b) Formato.

c) Forma.
d) Origen funcional.

5. ¿En qué edad se encuentran los documentos del archivo de gestión?

a) Edad histórica.
b) Edad administrativa.
c) Edad intermedia.
d) Edad preadministrativa.

6. ¿En qué edad del documento predomina claramente el valor secundario?

a) Edad administrativa.
b) Edad intermedia.
c) Edad histórica.
d) Edad prehistórica.

7. Es cierto que la documentación de apoyo informativo:

a) Forma parte del Patrimonio Documental.
b) Se produce como resultado de la gestión administrativa.
c) Es útil para el correcto desarrollo de la actividad administrativa.
d) No puede contener textos legales, boletines oficiales, publicaciones o circulares.

8. Conforme al artículo 26.2 de la LPACAP, para ser considerados válidos, los documentos electrónicos deberán:

a) Contener información de naturaleza jurídica archivada en un soporte electrónico según un formato determinado susceptible de identificación y tratamiento diferenciado.
b) Carecer de datos de identificación que puedan permitir su individualización.
c) Incorporar los metadatos mínimos exigidos.
d) Formar parte de un expediente administrativo.

9. En caso de que excepcionalmente, en un procedimiento, el interesado deba presentar un documento original, tendrá derecho a:

a) Obtener una copia autenticada del documento original.
b) No desprenderse de él, presentándolo únicamente para que el funcionario correspondiente autentifique una copia con la que se quedará, devolviendo el original al interesado.
c) Recuperarlo en un plazo máximo de 30 días.
d) Ninguna norma puede exigir la presentación de documentos originales.

10. En relación con los documentos electrónicos administrativos, no es cierto que:

a) Para ser considerados válidos, los documentos electrónicos administrativos deberán disponer de los datos de identificación que permitan su individualización, sin perjuicio de su posible incorporación a un expediente electrónico.

b) A menos que su naturaleza exija otra forma más adecuada de expresión y constancia, las Administraciones Públicas emitirán los documentos administrativos por escrito, a través de medios electrónicos.

c) Los documentos electrónicos emitidos por las Administraciones Públicas que se publiquen con carácter meramente informativo requieren firma electrónica para ser considerados documentos administrativos.

d) Cualquier documento electrónico emitido por una Administración Pública requerirá que se identifique su origen aunque no forme parte de un expediente administrativo.

11. ¿Cuál de las siguientes afirmaciones en relación con la autenticación de copias es cierta?

a) Las copias auténticas tienen la misma validez que los documentos originales pero distinta eficacia.

b) Las copias auténticas de documentos privados no pueden surtir efectos administrativos.

c) Las copias auténticas realizadas por una Administración Pública solo tienen validez en su ámbito funcional.

d) Los interesados podrán solicitar, en cualquier momento, la expedición de copias auténticas de los documentos públicos administrativos que hayan sido válidamente emitidos por las Administraciones Públicas.

12. Los documentos de decisión:

a) Son aquellos que comunican la existencia de hechos o actos a otras personas, órganos o entidades.

b) Contienen una declaración de conocimiento de un órgano administrativo cuya finalidad es la acreditación de actos, hechos o efectos.

c) Contienen una declaración de juicio de un órgano administrativo, persona o entidad pública o privada, sobre las cuestiones de hecho o de derecho que sean objeto de un procedimiento administrativo.

d) Contienen una declaración de voluntad de un órgano administrativo sobre materias de su competencia.

13. A diferencia de una notificación, las comunicaciones:

a) No trasladan actos de decisión.

b) Acredita hechos, circunstancias, juicios o acuerdos.

c) Contienen una declaración de juicio de un órgano administrativo.

d) Son el instrumento por el que el ciudadano se relaciona con la actividad de las Administraciones Públicas.

14. ¿Cómo se llama el documento que contiene una o varias peticiones de un ciudadano dirigidas a promover la acción del órgano administrativo al que se dirige?

a) Petición.
b) Alegación.
c) Solicitud.
d) Recurso.

15. Por regla general, los documentos administrativos constan de tres partes:

a) Emisor, texto y firma.
b) Encabezamiento, cuerpo y pie.
c) Asunto, destinatario y emisor.
d) Antefirma, nombre del emisor y rúbrica.

16. Es un documento de los ciudadanos:

a) Informe.
b) Certificado.
c) Oficio.
d) Alegación.

17. Es un documento de constancia:

a) Certificado.
b) Resolución.
c) Oficio.
d) Informe.

18. El documento de archivo es:

a) Un ejemplar idéntico a otros como él.
b) Producto de una edición.
c) Único e irrepetible.
d) Copia exacta de un original.

19. Es una característica del documento de archivo:

a) La subjetividad.
b) La reproducción.
c) La seriación.
d) La uniformidad.

20. ¿Cuál de los siguientes caracteres externos del documento de archivo se define por el procedimiento mediante el cual se transmite lo contenido en el documento?

a) El tipo.
b) El formato.
c) La clase.
d) El soporte.

Solución al test n.º 21

1. a) El documento.

2. a) Es único e irrepetible.

3. c) Formato.

4. d) Origen funcional.

5. b) Edad administrativa.

6. c) Edad histórica.

7. c) Es útil para el correcto desarrollo de la actividad administrativa.

8. c) Incorporar los metadatos mínimos exigidos.

9. a) Obtener una copia autenticada del documento original.

10. c) Los documentos electrónicos emitidos por las Administraciones Públicas

11. d) Los interesados podrán solicitar, en cualquier momento, la expedición de copias auténticas de los documentos públicos administrativos que hayan sido válidamente emitidos por las Administraciones Públicas.

12. d) Contienen una declaración de voluntad de un órgano administrativo sobre materias de su competencia.

13. a) No trasladan actos de decisión.

14. c) Solicitud.

15. b) Encabezamiento, cuerpo y pie.

16. d) Alegación.

17. a) Certificado.

18. c) Único e irrepetible.

19. c) La seriación.

20. c) La clase.

TEST N.º 22

El registro de documentos. Conceptos de presentación, recepción, entrada y salida de documentos

1. Tal como recoge el apartado V del Preámbulo de la Ley 39/2015, de 1 de octubre, del Procedimiento Administrativo Común de las Administraciones Públicas (LPACAP), las oficinas en materia de registros existentes hasta entonces pasarán a denominarse:

a) Oficinas de información.
b) Oficinas de asistencia en materia de registros.
c) Oficinas de atención al ciudadano.
d) Oficinas de atención al ciudadano.

2. En las disposiciones de creación de registros electrónicos no es necesario especificar:

a) Los días declarados como inhábiles.
b) La caducidad del registro.
c) El órgano o unidad responsable de su gestión.
d) La fecha y hora oficial.

3. El proceso tecnológico que permite convertir un documento en soporte papel o en otro soporte no electrónico en un fichero electrónico que contiene la imagen codificada, fiel e íntegra del documento, se conoce en la LPACAP como:

a) Automatización.
b) Fotocopiado.
c) Autenticación.
d) Digitalización.

4. Aquellos documentos e informaciones cuyo régimen especial establezca una forma de presentación en el registro distinta a la que se haya utilizado:

a) No se tendrán por presentados.
b) Paralizarán el procedimiento hasta que sean presentados reglamentariamente.

c) Solo producirán efectos si el instructor ve necesaria su inclusión.

d) Se tendrán por presentados pero no podrán generar derechos.

5. El funcionamiento del registro electrónico:

a) Permitirá la presentación de documentos todos los días hábiles del año durante la jornada laboral de su personal.

b) El inicio del cómputo de los plazos que hayan de cumplir las Administraciones Públicas vendrá determinado por la fecha y hora de presentación en el registro electrónico de cada Administración u Organismo.

c) Los documentos se considerarán presentados por el orden de hora efectiva en el que fueron aceptados por el funcionario habilitado al efecto.

d) El registro electrónico de cualquier Administración u Organismo se regirá a efectos de cómputo de los plazos, por la fecha y hora oficial indicada por el Central European Time.

6. ¿Qué calendario de días inhábiles se aplicará en los registros electrónicos a efectos del cómputo de plazos?

a) El que se publique al efecto en el Boletín Oficial del Estado para todos los registros.

b) El que se publique al efecto en el Boletín Oficial de la Comunidad Autónoma para todos los registros ubicados en ella.

c) El que determine la sede electrónica del registro de cada Administración Pública u Organismo.

d) El que determine la sede electrónica del ayuntamiento en cuyo municipio se ubique el registro.

7. El registro electrónico de las Administraciones Públicas permitirá la presentación de documentos:

a) Los días hábiles en horario laboral.

b) Todos los días del año, en horario laboral.

c) Los días hábiles, durante las veinticuatro horas.

d) Todos los días del año durante las veinticuatro horas.

8. No es una función del registro de documentos:

a) Conservar adecuadamente el documento.

b) Informar sobre el contenido del documento.

c) Dar constancia de la existencia o no de un documento.

d) Informar sobre el lugar donde se encuentra el documento.

9. Conforme a la Resolución de 27 de diciembre de 2017, del titular de la Consejería de Presidencia y Participación Ciudadana, el horario de atención al público de la Oficina Central de asistencia en materia de registros de la Administración del Principado de Asturias, de lunes a viernes será:

a) De 9,00 a 17,00 horas.

b) De 8,30 a 15,30 horas.

c) De 8,00 a 16,00 horas.
d) De 9,30 a 15,00 horas.

10. Gestionada por la Secretaría General Técnica, en cada Consejería existirá:

a) Una oficina general de asistencia en materia de registros.
b) Una oficina central de asistencia en materia de registros.
c) Una oficina auxiliar de asistencia en materia de registros.
d) Una oficina delegada de asistencia en materia de registros.

11. La creación, modificación o supresión de oficinas auxiliares de asistencia en materia de registros se llevará a cabo:

a) Mediante Decreto del Consejo de Gobierno.
b) Mediante Resolución del Consejero de Presidencia.
c) Mediante Resolución del titular de la Consejería correspondiente.
d) Mediante Convenio entre la Consejería correspondiente y el ayuntamiento en el que se ubique.

12. Serán objeto de registro en la oficina de asistencia en materia de registros de la Administración del Principado de Asturias:

a) Las solicitudes, escritos y comunicaciones que se reciban por fax, telegrama y correo electrónico.
b) Las solicitudes, escritos y comunicaciones redactados en lenguas extranjeras que se acompañen de traducción oficial.
c) Las solicitudes, escritos y comunicaciones que se envíen entre unidades que dependan de un mismo órgano administrativo.
d) Los informes, escritos y documentos que se envíen entre empleados públicos y sus superiores o viceversa, incluyendo peticiones de vacaciones y permisos, así como partes médicos de altas y bajas o similares.

13. Presentadas solicitudes, escritos y comunicaciones en el registro telemático en un día inhábil, se inscribirán como fecha y hora de presentación en el asiento de entrada:

a) Aquellas en las que esta efectivamente se produjo.
b) Las cero horas y un segundo del primer día hábil siguiente.
c) La misma hora en que efectivamente se produjo, pero del primer día hábil siguiente.
d) La última hora del anterior día hábil.

14. Para que se garantice su compatibilidad informática e interconexión, así como la transmisión telemática de los asientos registrales y de los documentos que se presenten en cualquiera de los registros, los registros electrónicos de todas y cada una de las Administraciones, deberán ser plenamente:

a) Interoperables.
b) Abiertos.

c) Desprotegidos.
d) Desencriptables.

15. Señala la respuesta incorrecta. En todo caso, las disposiciones de creación de registros electrónicos especificarán:

a) El órgano o unidad responsable de su gestión.
b) La fecha y hora oficial.
c) Los días declarados como inhábiles.
d) Los medios electrónicos permitidos.

16. A efectos del cómputo de plazo fijado en días hábiles, y en lo que se refiere a cumplimiento de plazos por los interesados, la presentación en un registro electrónico de una solicitud en un día inhábil:

a) Se entenderá efectuada en ese mismo momento, puesto que el registro electrónico no tiene días inhábiles.
b) Se entenderá realizada en la primera hora del primer día hábil siguiente, salvo que una norma permita expresamente la recepción en día inhábil.
c) Se entenderá realizada en la misma hora que se ha efectuado, pero del primer día hábil siguiente.
d) No tiene validez.

17. En el contexto de la Política de Gestión de Documentos de la Administración del Principado de Asturias ¿qué se entiende como el proceso de entrada de los documentos en un sistema de gestión administrativa?

a) La presentación de solicitudes.
b) La captura.
c) La clasificación.
d) La digitalización.

18. En el contexto de la Política de Gestión de Documentos, se entiende por descripción:

a) El proceso de identificar, organizar y registrar aquella información que representa el contenido de los documentos y su contexto, así como la de los sistemas que los generaron o gestionaron en el marco de la actividad administrativa de la organización.
b) El conjunto de operaciones encaminadas a agrupar los documentos y expedientes, que se generan en el ejercicio de cada actividad administrativa, en categorías o series documentales, de acuerdo con el Cuadro General de Clasificación de documentos de la Administración del Principado de Asturias.

c) El proceso de control, paralelo al de la captura y establecido como un requisito legal, por el que se genera el correspondiente asiento registral de los documentos, generados o recibidos por los diversos órganos de la administración del Principado de Asturias, y que han sido incorporados al sistema de gestión, en conformidad con la legislación de procedimiento administrativo y la normativa autonómica de referencia.

d) El conjunto de operaciones encaminadas a establecer los criterios concretos que permitirán o no el acceso a los documentos, tanto a nivel de series de documentos, como de los documentos simples que forman parte de un expediente.

19. Qué tipo de transferencias son aquellas en las que se traspasan documentos y expedientes, de acuerdo a lo previsto en la legislación vigente respecto al reparto de responsabilidades sobre la custodia:

a) Transferencias ordinarias.
b) Transferencias extraordinarias.
c) Transferencias interdepartamentales.
d) Transferencias entre archivos.

20. ¿Qué tipo de documentos deben registrarse de entrada en las oficinas de asistencia en materia de registros del Principado de Asturias?

a) Solo los documentos administrativos internos.
b) Aquellos que identifiquen claramente al interesado y al órgano destinatario, y sean originales.
c) Cualquier documento recibido, sin excepción.
d) Solo los presentados presencialmente.

En MADTEST tienes **más preguntas de este tema**, y todos tus avances quedan registrados y se reflejan en el ranking.

¡Supera tus límites con MADTEST!

Solución al test n.º 22

1. b) Oficinas de asistencia en materia de registros.

2. b) La caducidad del registro.

3. d) Digitalización.

4. a) No se tendrán por presentados.

5. b) El inicio del cómputo de los plazos que hayan de cumplir las Administraciones Públicas vendrá determinado por la fecha y hora de presentación en el registro electrónico de cada Administración u Organismo.

6. c) El que determine la sede electrónica del registro de cada Administración Pública u Organismo.

7. d) Todos los días del año durante las veinticuatro horas.

8. a) Conservar adecuadamente el documento.

9. a) De 9,00 a 17,00 horas.

10. a) Una oficina general de asistencia en materia de registros.

11. c) Mediante Resolución del titular de la Consejería correspondiente.

12. b) Las solicitudes, escritos y comunicaciones redactados en lenguas extranjeras que se acompañen de traducción oficial.

13. a) Aquellas en las que esta efectivamente se produjo.

14. a) Interoperables.

15. d) Los medios electrónicos permitidos.

16. b) Se entenderá realizada en la primera hora del primer día hábil siguiente, salvo que una norma permita expresamente la recepción en día inhábil.

17. b) La captura.

18. a) El proceso de identificar, organizar y registrar aquella información que representa el contenido de los documentos y su contexto, así como la de los sistemas que los generaron o gestionaron en el marco de la actividad administrativa de la organización.

19. d) Transferencias entre archivos.

20. b) Aquellos que identifiquen claramente al interesado y al órgano destinatario, y sean originales.

Archivos: Clases de archivos, especial referencia al archivo de gestión. Criterios de ordenación de archivo. El archivo de los documentos administrativos. El derecho de acceso a los documentos administrativos: sus limitaciones y formas de acceso

1. Se definen por el artículo 59.1 de la *Ley 16/1985, de 25 de junio, del Patrimonio Histórico Español* como "los conjuntos orgánicos de documentos, o la reunión de varios de ellos, reunidos por las personas jurídicas, públicas o privadas, en el ejercicio de sus actividades, al servicio de su utilización para la investigación, la cultura, la información y la gestión administrativa":

a) Los archivos.
b) Los registros.
c) Los expedientes.
d) Las bibliotecas.

2. Señala la respuesta incorrecta. Atendiendo al ciclo vital de los documentos, el artículo 8 del *Real Decreto 1708/2011, de 18 de noviembre, por el que se establece el Sistema Español de Archivos y se regula el Sistema de Archivos de la Administración General del Estado y de sus Organismos Públicos y su régimen de acceso,* los Archivos del Sistema de Archivos de la Administración General del Estado, se clasifican en:

a) Archivos de oficina o de gestión.
b) Archivos generales o centrales de los Ministerios y de los organismos públicos dependientes de los mismos.
c) Archivo de personal.
d) Archivos históricos.

3. Llevar a cabo el proceso de identificación de series y elaborar el cuadro de clasificación es una función de:

a) Los archivos de oficina o de gestión.
b) Los archivos generales o centrales.

c) Los archivos intermedios.

d) Los archivos históricos.

4. No es una función de los archivos de oficina o de gestión:

a) Identificar y llevar a cabo procesos de valoración documental.

b) Acreditar las actuaciones y actividades de la unidad productora.

c) Eliminar los documentos de apoyo informativo antes de la transferencia al Archivo central.

d) Apoyar la gestión administrativa.

5. Forman parte del Sistema Español de Archivos los sistemas archivísticos autonómicos, provinciales y locales que se establezcan en función de las relaciones de cooperación basadas en el principio de:

a) Interés público.

b) Seguridad documental.

c) Jerarquía.

d) Voluntariedad.

6. ¿Qué tipo de clasificación de documentos es preferible cuando se trata de fondos documentales de gran amplitud cronológica, especialmente en el ámbito de la Administración electrónica?

a) Clasificación orgánica.

b) Clasificación funcional.

c) Clasificación ideológica.

d) Clasificación por materias.

7. Operación que relaciona los documentos entre sí y proporciona a cada uno de ellos una situación determinada, un número de orden dentro de las unidades de instalación, es decir, dentro de los legajos, libros o cajas que contienen documentos:

a) Ordenación.

b) Clasificación.

c) Seriación.

d) Formalización.

8. En el proceso de archivo de documentos, ¿cómo se llama el trabajo de colocar una señal de números y letras que se pone al documento para indicar su colocación dentro del archivo?

a) Datación.

b) Signaturación.

c) Desdoble.
d) Foliación.

9. Como manifestación o resultado de una actividad concreta, los documentos archivísticos similares forman:

a) Un registro.
b) Una serie.
c) Un archivo.
d) Un expediente.

10. El archivo de gestión se relaciona con la edad:

a) Administrativa.
b) Histórica.
c) Archivística.
d) Intermedia.

11. Las normas de clasificación que permiten ordenar un archivo deben cumplir el siguiente requisito:

a) Complejidad.
b) Rapidez de localización.
c) Espacio.
d) Universalidad.

12. Son unas cajas de cartón fuerte o plastificado que van provistos de unas anillas para sujetar los documentos:

a) Archivadores tipo Z.
b) Bucks.
c) Guías.
d) Fichas.

13. Es una función del Archivo de Oficina o de Gestión:

a) Establecer y valorar las estrategias que se pueden aplicar para la conservación a medio plazo de los documentos y ficheros electrónicos recibidos.
b) Acreditar las actuaciones y actividades de la unidad productora.
c) Llevar a cabo el proceso de identificación de series y elaborar el cuadro de clasificación.
d) Proporcionar al archivo intermedio las descripciones de las fracciones de serie objeto de cada una de las transferencias.

14. El archivo histórico ejerce la siguiente función:

a) Establecer y valorar las estrategias que se pueden aplicar para la conservación a largo plazo de los documentos y ficheros electrónicos recibidos, tales como procedimientos de emulación, migración y conversión de formatos.

b) Completar las descripciones elaboradas por el Archivo Central de las agrupaciones documentales recibidas, especialmente en lo relativo a los niveles superiores de descripción o macrodescripción, conforme a las normas internacionales y nacionales de descripción archivística.

c) Proporcionar al archivo intermedio las descripciones de las fracciones de serie objeto de cada una de las transferencias.

d) Apoyar la gestión administrativa.

15. Los fondos documentales de los archivos deben conservarse manteniendo su organización original, no introduciendo modificaciones ajenas a los procedimientos y trámites utilizados en ella, en virtud del principio de:

a) Integridad de los fondos.
b) Procedencia.
c) Originalidad.
d) Preservación.

16. Como resultado y testimonio de actividades concretas, cada sección o subsección de un archivo estará integrada por los documentos agrupados en:

a) Series.
b) Legajos.
c) Expedientes.
d) Compendios.

17. Según las distintas funciones u órganos de producción, un fondo documental se clasifica en:

a) Series.
b) Tomos.
c) Carpetas.
d) Secciones.

18. Dentro de la organización de archivos, ¿qué operación consiste básicamente en unir los elementos (documentos) dentro de un conjunto (la serie documental), de acuerdo con una unidad-orden establecida de antemano?

a) Clasificación.
b) Recuperación de fondos.
c) Ordenación.
d) Formación de expedientes.

19. ¿Cómo se denomina a la correcta reubicación de documentos mal colocados en un archivo?

a) Foliación.
b) Desdoble.
c) Sellado.
d) Agregación.

20. Señala la opción incorrecta. El artículo 105 b) de la Constitución establece que la ley regulará el acceso de los ciudadanos a los archivos y registros administrativos, exceptuando, a su vez, las materias que afecten a:

a) La averiguación de los delitos.
b) La intimidad de las personas.
c) Las relaciones internacionales.
d) La seguridad y defensa del Estado.

En MADTEST tienes **más preguntas de este tema**, y todos tus avances quedan registrados y se reflejan en el ranking.

¡Supera tus límites con MADTEST!

Solución al test n.º 23

1. a) Los archivos.

2. c) Archivo de personal.

3. b) Los archivos generales o centrales.

4. a) Identificar y llevar a cabo procesos de valoración documental.

5. d) Voluntariedad.

6. b) Clasificación funcional.

7. a) Ordenación.

8. b) Signaturación.

9. b) Una serie.

10. a) Administrativa.

11. b) Rapidez de localización.

12. a) Archivadores tipo Z.

13. b) Acreditar las actuaciones y actividades de la unidad productora.

14. a) Establecer y valorar las estrategias que se pueden aplicar para la conservación a largo plazo de los documentos y ficheros electrónicos recibidos, tales como procedimientos de emulación, migración y conversión de formatos.

15. b) Procedencia

16. a) Series.

17. d) Secciones.

18. c) Ordenación.

19. d) Agregación.

20. c) Las relaciones internacionales.

TEST N.º 24

Los sistemas ofimáticos. Procesadores de texto: Open Writer, concepto, funcionalidades principales, plantillas, combinación de correspondencia. Bases de datos: Open Office Base, concepto, funcionalidades, tablas, formularios, consultas, informes, relaciones. Hojas de cálculo: Open Office Calc., concepto, funcionalidades, tablas dinámicas, funciones, gráficos. Presentaciones: concepto y funcionalidades principales. Internet, intranet y correo electrónico: conceptos básicos, navegadores. Búsquedas de información

1. Para moverse al inicio del documento con el teclado, ¿qué debe pulsar?

a) RePág.
b) Inicio.
c) Ctrl + Inicio.
d) Alt + Inicio.

2. Para seleccionar todo el documento, ¿qué tecla debe pulsar?

a) Ctrl + E.
b) Ctrl + C.
c) Ctrl + V.
d) Ctrl + X.

3. ¿Qué tecla debe mantener pulsada para seleccionar junto con las teclas de desplazamiento (arriba, abajo, izquierda y derecha)?

a) Ctrl.
b) Enter.
c) Alt.
d) Shift.

4. Para cortar un texto ya seleccionado, ¿qué combinación de teclas tiene que pulsar?

a) Ctrl + X.
b) Ctrl + C.
c) Ctrl + V.
d) Ctrl + E.

5. Por defecto, si ve un 1 en una celda, ¿cómo sabrá si se trata del número 1 o del carácter 1?

a) Si está alineado a la derecha es el número, si no, será el carácter 1.
b) Si está alineado a la izquierda es el número, si no, será el carácter 1.
c) Si está alineado en el centro es el número 1, si no, será el carácter 1.
d) Si está en cursiva es el número 1, si no, será el carácter 1.

6. Si desea hacer la secuencia 1, 2, 3, 4, 5… Primero deberá introducir el 1 en una celda, seleccionar la esquina inferior derecha y arrastrar con el ratón manteniendo pulsada la tecla:

a) Ctrl.
b) ALT.
c) SHIFT.
d) No es necesario mantener ninguna tecla pulsada.

7. Si desea repetir el valor 1 varias veces: primero deberá introducir el 1 en una celda, seleccionar la esquina inferior derecha y arrastrar con el ratón manteniendo pulsada la tecla:

a) Ctrl.
b) ALT.
c) SHFT.
d) Ninguna tecla.

8. Por defecto, si introduce 1,2 en una celda, ¿qué valor será tomado por la hoja de cálculo?

a) 12.
b) 1.200.
c) Uno como entero y 2 como parte decimal (uno con dos).
d) 0,12.

9. Para la representación de los datos en forma impresa, ¿qué objeto se utiliza?

a) Informes.
b) Formularios.

c) Consultas.
d) Tablas.

10. Para dar de baja un registro de forma temporal, ¿qué utilizaría?

a) Lo borraría desde un formulario.
b) Lo borraría desde la tabla.
c) Usaría un campo de tipo booleano, por ejemplo, *Sí* significaría que está dado de alta y *No* que estaría de baja.
d) Solo se puede modificar los registros nunca darlos de baja.

11. Al realizar un filtrado, ¿entre qué caracteres va el valor de la condición de un campo de tipo fecha?

a) Entre dos comas sencillas.
b) Entre dos comas dobles.
c) No lleva caracteres.
d) Entre dos almohadillas (#).

12. Cuando se realiza un informe utilizando el asistente, ¿entre cuántos campos cómo máximo se pueden ordenar los registros?

a) 1.
b) 2.
c) 4.
d) 5.

13. ¿En qué menú podrá realizar acciones con el texto, como por ejemplo: copiar, cortar y pegar texto y podrá buscar y reemplazar texto dentro de la presentación?

a) Archivo.
b) Ventana.
c) Edición.
d) Presentación.

14. ¿En qué menú podrá configurar y visualizar la presentación?

a) Archivo.
b) Ventana.
c) Edición.
d) Presentación.

15. Para diseñar las diapositivas de una presentación, ¿qué vista emplearía?

a) Normal.
b) Esquema.

c) Página de notas.
d) Documento.

16. ¿Cuál de estos consejos no se recomienda seguir en el diseño de una presentación?

a) Tener presente el tipo de público.
b) El tipo del medio de presentación, si leída desde la pantalla de un ordenador o con un proyector.
c) Utilizar más de 6 o 7 líneas de texto
d) No utilizar el color blanco para los textos porque las letras se difuminan.

17. Para cerrar una presentación, ¿qué combinación de teclas hay que pulsar?

a) Ctrl+Q.
b) Ctrl+A.
c) Ctrl+U.
d) Ctrl+S.

18. Este icono se utiliza para:

a) Cerrar una presentación.
b) Abrir los patrones de diapositivas.
c) Abrir una presentación.
d) Ejecutar una presentación.

19. La vista *patrón de folleto*, ¿para qué sirve?

a) Organizar las diapositivas de manera de esquema.
b) Ajustar las diapositivas en una única o varias diapositivas impresas.
c) Diseñar las diapositivas.
d) Ajustar los efectos de las diapositivas.

20. La vista *notas*, ¿para qué sirve?

a) Organizar las diapositivas de manera de esquema.
b) Ajustar las diapositivas en una única o varias diapositivas impresas.
c) Diseñar las diapositivas.
d) Ayudar al orador de la presentación a memorizar el significado de las diapositivas.

En MADTEST tienes **más preguntas de este tema**, y todos tus avances quedan registrados y se reflejan en el ranking.

¡Supera tus límites con MADTEST!

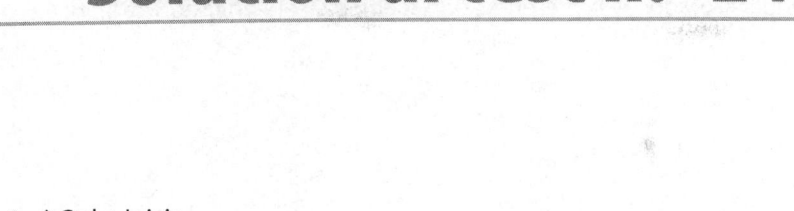

Solución al test n.º 24

1. c) Ctrl + Inicio.

2. a) Ctrl + E.

3. d) Shift.

4. a) Ctrl + X.

5. a) Si está alineado a la derecha es el número, si no, será el carácter 1.

6. d) No es necesario mantener ninguna tecla pulsada.

7. a) Ctrl.

8. c) Uno como entero y 2 como parte decimal (uno con dos).

9. a) Informes.

10. c) Usaría un campo de tipo booleano, por ejemplo, Sí significaría que está dado de alta y No que estaría de baja.

11. d) Entre dos almohadillas (#).

12. c) 4.

13. c) Edición.

14. d) Presentación.

15. a) Normal.

16. c) Utilizar más de 6 o 7 líneas de texto.

17. a) Ctrl+Q.

18. b) Abrir los patrones de diapositivas.

19. b) Ajustar las diapositivas en una única o varias diapositivas impresas.

20. d) Ayudar al orador de la presentación a memorizar el significado de las diapositivas.

Conceptos informáticos: el ordenador, dispositivos centrales y periféricos. El microprocesador. Soportes informáticos. Los sistemas operativos más frecuentes. Sus elementos comunes. Comandos básicos. Administrador de archivos. Administrador de impresión. Impresoras

1. Con 10 bits, ¿cuántos números distintos puedo representar?

a) 210.
b) 10.
c) 2x10.
d) 1010.

2. ¿Qué número decimal es el 1110 en base 2?

a) 15.
b) 16.
c) 14.
d) 13.

3. ¿Qué parte del ordenador interpreta las instrucciones almacenadas en memoria principal?

a) La unidad de control.
b) El acumulador.
c) El contador de programa.
d) La ALU.

4. ¿Cuál es la memoria más rápida en un ordenador?

a) Memoria principal.
b) Disco duro.
c) Memoria caché.
d) Registros de la CPU.

5. En un disco duro, una circunferencia dentro de una cara se denomina:

a) Cilindro.
b) Sector.
c) Clúster.
d) Pista.

6. Las palabras se codifican en el ordenador en:

a) Código complemento 1.
b) Código complemento 2.
c) Código ASCII.
d) Código decimal.

7. El teclado forma parte de la fase:

a) De procesamiento.
b) De entrada.
c) De salida.
d) De ninguna de las anteriores.

8. Las líneas que comunican las distintas partes de un ordenador se denominan:

a) Pistas.
b) Cilindros.
c) Buses.
d) ALU.

9. ¿Quién interpreta las instrucciones de un programa?

a) ALU.
b) CPU.
c) Registros.
d) Memoria principal.

10. ¿En qué parte de la CPU se guarda información?

a) ALU.
b) Memoria principal.
c) Unidad de control.
d) Registros.

11. La velocidad de la CPU se mide en:

a) Segundos.
b) Minutos.
c) Hercios.
d) Milisegundos.

12. ¿Qué memoria es más rápida?

a) Disco duro.
b) Registros de la CPU.
c) Memoria caché.
d) CD.

13. Las memorias USB son:

a) Memorias magnéticas.
b) Memorias ópticas.
c) Memorias flash.
d) Memorias ROM.

14. El conjunto de las pistas alienadas verticalmente en un disco duro se denominan:

a) Sector.
b) Cilindro.
c) Cabezal.
d) Sector.

15. Los discos duros SATA están sustituyendo a:

a) Discos duros IDE.
b) Memorias USB.
c) Disco duros DATA.
d) Memoria principal.

16. ¿Qué tipo de CD solo es de lectura?

a) CD-ROM.
b) CD-R.
c) CD-RW.
d) CD-DA.

17. La resolución de los monitores actuales se miden en:

a) Líneas.
b) Columnas
c) Píxeles.
d) Bytes.

18. Habitualmente el monitor se conecta en el puerto:

a) USB.
b) Serie.
c) Paralelo.
d) VGA.

19. En los ordenadores actuales el ratón se conecta en el puerto:

a) USB.
b) Serie.
c) Paralelo.
d) VGA.

20. ¿En qué puerto se conecta una impresora que quiere ser compartida en red?

a) USB.
b) Ethernet.
c) Paralelo.
d) VGA.

En MADTEST tienes **más preguntas de este tema**, y todos tus avances quedan registrados y se reflejan en el ranking.

¡Supera tus límites con MADTEST!

Solución al test n.º 25

1. a) 210.

2. c) 14.

3. a) La unidad de control.

4. d) Registros de la CPU.

5. d) Pista.

6. c) Código ASCII.

7. b) De entrada.

8. c) Buses.

9. b) CPU.

10. d) Registros.

11. c) Hercios.

12. b) Registros de la CPU.

13. c) Memorias flash.

14. b) Cilindro.

15. a) Discos duros IDE.

16. a) CD-ROM.

17. c) Píxeles.

18. d) VGA.

19. a) USB.

20. b) Ethernet.

TEST N.º 26

La comunicación humana. El lenguaje como medio de comunicación. Diferencia entre información y comunicación. Tipos de comunicación. Atención al público: acogida e información al usuario. Uso no sexista del lenguaje administrativo

1. Cuando al transmitir información la relación entre significante y significado es una relación natural, sin que haya intención de comunicar, hablamos de:

a) Signos.
b) Símbolos.
c) Iconos.
d) Indicios.

2. Constituye la base esencial de la comunicación, sin el que sería absolutamente imposible cualquier actividad comunicativa:

a) Símbolo.
b) Código.
c) Emisor.
d) Canal.

3. Es un sistema de signos verbales que sirve para formular pensamientos en el proceso de reflejar la realidad objetiva por el conocimiento subjetivo, y para comunicar socialmente los pensamientos acerca de la realidad, como también las experiencias emocionales, estéticas, volitivas, etc., concomitantes:

a) El pensamiento.
b) El idioma.
c) La lengua.
d) El lenguaje.

4. ¿Cuál es la región cerebral que está involucrada en la producción del habla?

a) Área de Wernicke.
b) Cuerpo calloso.

c) Área de Brocca.
d) Área de Silvio.

5. Es un elemento de comunicación con arreglo al cual la experiencia humana se analiza, de modo diferente en cada comunidad, en unidades dotadas de un contenido semántico y de una expresión fónica, los monemas. Esta definición corresponde:

a) Al lenguaje.
b) Al habla.
c) A la lengua.
d) Al pensamiento.

6. ¿Cómo llamamos a la combinación del concepto y de la imagen acústica?

a) Signo lingüístico.
b) Código.
c) Lengua.
d) Símbolo lingüístico.

7. El signo lingüístico tiene varios conocidos caracteres o rasgos diferenciadores. Señala la respuesta incorrecta:

a) Singular.
b) Arbitrario.
c) Vocal.
d) Lineal.

8. ¿Cómo se llama la unidad superior con la que se trabaja en lengua?

a) Monemas.
b) Fonemas.
c) Significado.
d) Enunciado.

9. Lo que diferencia el sistema de comunicación constituido por las lenguas naturales humanas de todos los demás medios de comunicación, humanos o no, está en:

a) El carácter lineal del lenguaje.
b) La doble articulación del lenguaje.
c) La intención de comunicar.
d) La arbitrariedad del signo lingüístico.

10. ¿Cómo se llama el sistema de señales previamente convenido para hacerse entender?

a) Código.
b) Canal.

c) Signo lingüístico.
d) Símbolo.

11. La doble articulación es la propiedad del lenguaje humano consistente en la posibilidad de segmentación de cualquier cadena hablada en unidades mínimas de dos tipos:

a) Significativas y distintivas.
b) Formales y mentales.
c) Causales y originales.
d) Lineales y complejas.

12. Las lesiones en esta área y/o del área posterior del lenguaje ocasionarán una escasa comprensión del lenguaje, de la capacidad de repetición además de producción de habla fluida pero sin sentido:

a) Área de Wernicke.
b) Cuerpo calloso.
c) Área de Brocca.
d) Área de Silvio.

13. El objeto del que se habla, sobre el que versa el mensaje codificado por el hablante se llama:

a) Referido.
b) Referente.
c) Contenido.
d) Médium.

14. ¿Qué elemento tiene como valor el que la comunicación sea posible a pesar de los ruidos?

a) La concreción de ideas.
b) La adecuación del tono.
c) La redundancia.
d) La exactitud.

15. En el mensaje "Voy a subir a arriba", la palabra "arriba" constituye:

a) Una metáfora.
b) Una redundancia.
c) Una hipérbole.
d) Una onomatopeya.

16. Señala la respuesta incorrecta. Entre las características del lenguaje hablado, se pueden señalar las siguientes:

a) Su finalidad literaria.
b) Su uso utilitario.
c) Su intención comunicativa.
d) Su expresión oral.

17. Es un regulador entre el sentimiento y la expresión, entre lo que sentimos y decimos:

a) La concreción.
b) La simplificación.
c) El tono.
d) La intensidad.

18. La interacción entre lenguaje y pensamiento es llamada:

a) Autoconciencia.
b) Cambio cognitivo.
c) Planificación temporo/espacial.
d) Interiorización del lenguaje.

19. La interpretación del mensaje oral derivada de lo que se siente o lo que se intuye se debe al cauce:

a) Visual.
b) Auditivo.
c) Intelectual.
d) Kinestésico.

20. Es el resultado de usar solo palabras indispensables, justas y significativas para expresar lo que se quiere decir:

a) Concisión.
b) Sencillez.
c) Coherencia.
d) Claridad.

En MADTEST tienes **más preguntas de este tema**, y todos tus avances quedan registrados y se reflejan en el ranking.

¡Supera tus límites con MADTEST!

Solución al test n.º 26

1. d) Indicios.

2. b) Código

3. d) El lenguaje.

4. c) Área de Brocca.

5. c) A la lengua.

6. a) Signo lingüístico.

7. a) Singular.

8. d) Enunciado.

9. b) La doble articulación del lenguaje.

10. a) Código.

11. a) Significativas y distintivas

12. a) Área de Wernicke.

13. b) Referente.

14. c) La redundancia.

15. b) Una redundancia.

16. a) Su finalidad literaria.

17. c) El tono.

18. d) Interiorización del lenguaje.

19. d) Kinestésico.

20. a) Concisión.

Cómo acceder al Curso

Auxiliar Administrativo/a
Test del temario

El uso de los códigos **es exclusivo de los compradores de los productos de Editorial MAD**. Cada producto posee un código único y de un solo uso. Es personal e intransferible y da acceso a servicios y contenidos adicionales. Editorial MAD se reserva el derecho de hacer cuantas comprobaciones sean necesarias para identificar al legítimo poseedor del código y dejar de dar servicio a quien haga uso fraudulento del mismo, además de emprender cuantas acciones legales estime oportunas según la legislación vigente.

Deberás acceder a:

mad.es/registro-campus

Si una vez aceptadas las condiciones de uso del Campus decides hacer uso del mismo, necesitarás del siguiente código de acceso junto con los códigos del resto de títulos que se exigen (si fuera el caso):

7WQVIRFEA8